MOSEL

EINE HOMMAGE

VON DER QUELLE
ZUR MÜNDUNG

Annette Köwerich
Hilde Kessel

VERLAG BASTIAN, FÖHREN

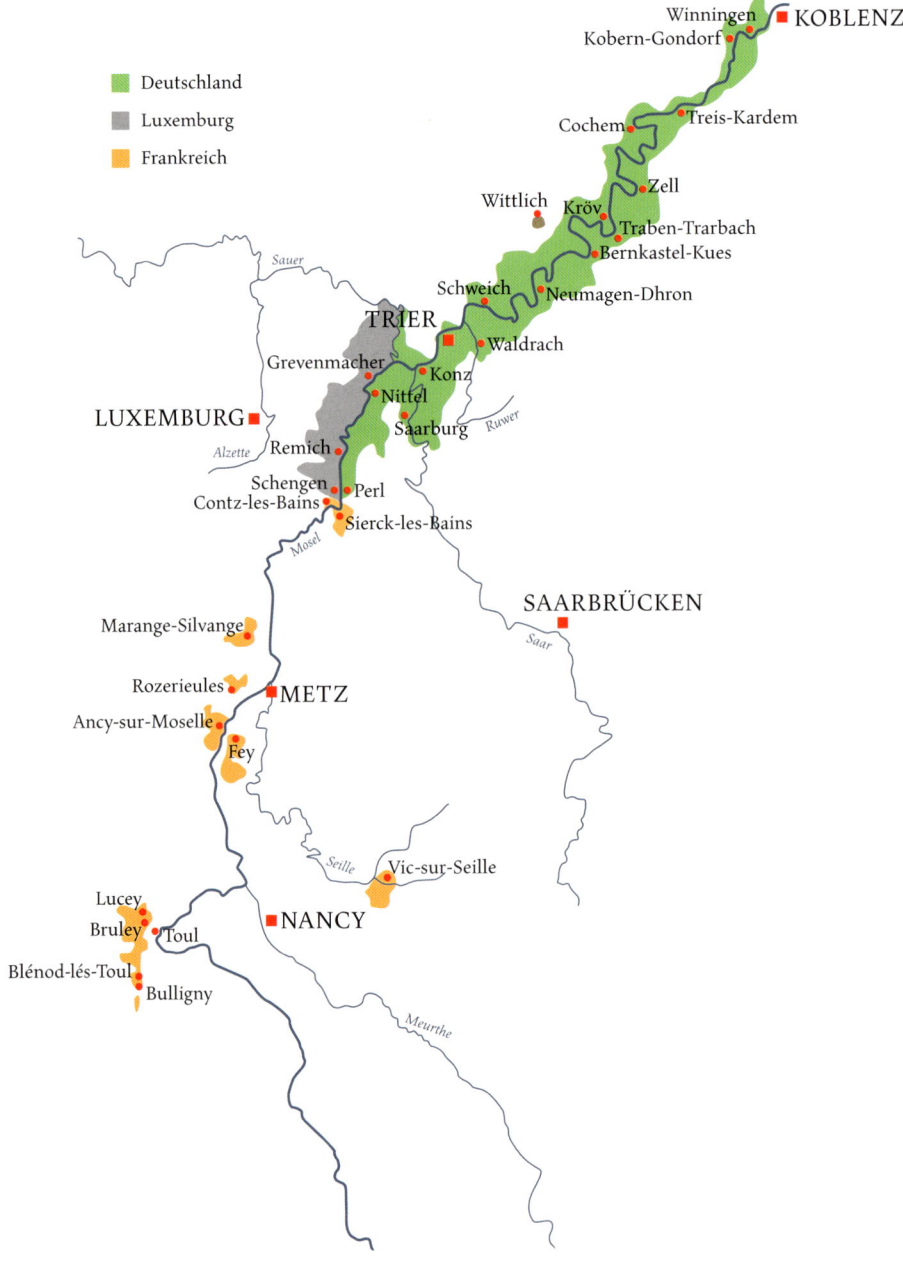

Deutschland

Luxemburg

Frankreich

KOBLENZ

Winningen
Kobern-Gondorf

Treis-Kardem
Cochem

Zell

Wittlich
Kröv
Traben-Trarbach
Bernkastel-Kues
Schweich
Neumagen-Dhron

TRIER
Waldrach

Grevenmacher
Konz
Nittel

LUXEMBURG
Saarburg

Remich

Schengen
Contz-les-Bains
Perl
Sierck-les-Bains

SAARBRÜCKEN

Marange-Silvange

Rozerieules
METZ
Ancy-sur-Moselle
Fey

Vic-sur-Seille

Lucey
Bruley
Toul
NANCY
Blénod-lés-Toul
Bulligny

Sauer

Alzette

Mosel

Ruwer

Saar

Seille

Meurthe

LA MOSELLE, D'MUSEL, DIE MOSEL

Der Westwind weht regenschwere Wolken vom Atlantik in die Vogesen. Kurvenreich schmiegt sich die Straße an den 731 Meter hohen „Col de Bussang" und erfordert Aufmerksamkeit. Vermutlich fahren viele Besucher der Moselquelle, so wie wir, erst mal an ihr vorbei. Denn „La Moselle" entspringt unauffällig, leise, fast zärtlich an der Westseite des Berges. In der Nähe liegt das „Plateau des Mille Etangs" - eine Landschaft voller Weiher und Legenden.

In diesem Buch geht es um „La Moselle", die nach 278 Kilometern ihren Namen wechselt. Während 36 Kilometern wird sie am westlichen Ufer „Musel" genannt, ist gemeinschaftliches Hoheitsgebiet des Großherzogtums Luxemburg und Deutschlands, wo sie wie auf den folgenden 206 Kilometern in der Amtssprache „Mosel" heißt. In Koblenz fließt sie 65 Meter über dem Meeresspiegel in den Rhein. Dort wurde 1926 der spätere französische Staatspräsident Valéry Giscard d'Estaing geboren. Wo sich Frankreich, Luxemburg und Deutschland berühren, wurden die Schengener Verträge unterschrieben.

„Wie leben Sie in Schengen?" fragt dieses Buch den Bürgermeister. In über 60 Interviews, Statements und Essays geht es um den Fluss zwischen Quelle und Mündung, seine Böden, Weine, Menschen. Marc Weyer, Präsident des luxemburgischen Winzerverbandes, ist besonders gerne Winzer „wenn in lauen Sommernächten die Weinberge vom subtilen Parfum blühender Reben durchzogen werden." Für Jean-Michel Mangeot, Weinbaupräsident des AOC Côtes de Toul, ist das das Einzigartige der Mosel: „Alle, mit denen ich den Fluss und den Beruf teile, sind meine Brüder."

Mit der 1464 hier erstmals erwähnten „Königin der Weißen Reben" wurde die Mosel zu einer der stilprägenden Weißweinregionen der Welt. „FAZ"-Redakteur Dr. Daniel Deckers schreibt in seinem Buch zur Geschichte des deutschen Weins über den Riesling vor etwa 100 Jahren: „Moselwein wurde Modewein ... das Leben fühlte sich ungeheuer leicht an und der Moselwein spiegelte diese Leichtigkeit, diesen Glanz wider." Jugendstil war „en vogue".

Dr. Ingeborg Scholz sieht in der Kunstrichtung auch eine Inspiration für die Moselwinzer: „im handwerklichen Arbeiten als Gegenentwurf zur Massenproduktion, in der Suche nach individuellen Ausdrucksformen, statt vorkonfektionierten Strategien im Produktdesign zu folgen." Gero von Randow, Frankreich-Korrespondent der Wochenzeitung „Die Zeit", spricht von einer Qualitätsrevolution und sagt: "Moselwinzer erzeugen die zärtlichsten Weine, die ich kenne".

Wir wünschen den Lesern dieses Buches neue Blicke auf eine uralte Kulturlandschaft und Wein, der zärtlich von alldem erzählt, voll Leichtigkeit und Glanz ...!

Annette Köwerich und Hilde Kessel

Moselquelle

DIE FRANZÖSISCHE MOSEL - LA MOSELLE

Wälder und Weiden prägen die Landschaft an der jungen Mosel in den Vogesen. Andere kleine Bäche lassen den Bach schnell zum Fluss wachsen. Er passiert Remiremont, Epinal, Toul, Pont-à-Mousson, Metz - Orte, deren Namen wie Musik klingen.

Auch der drittgrößte Nebenfluss der Mosel, die Meurthe, entspringt in den Vogesen. Nach 160 Kilometern mündet sie nördlich von Nancy in die Mosel. Die Stadt gilt als eine der lieblichsten in Europa, ihr Hauptplatz als einer der schönsten der Welt. In Metz setzt die spektakuläre Dependance des Pariser Centre Pompidou einen modernen Kontrast.

Im Jahr 1868 soll es in den Departements Vosges, Meurthe, Moselle und Meuse über 40.000 Hektar Rebland gegeben haben. Mit der Eröffnung der Bahnstrecke Metz-Nancy im Jahr 1850 war der Weg in die sich entwickelnden Industriegebiete frei: Arbeitskräfte wanderten ab. Zugleich drängten Weine aus anderen Weinbaugebieten in die Region. Politische Veränderungen und Krankheiten in den Weinbergen, allen voran die Reblaus, erschwerten den Weinbau in Lothringen. Die zunehmende Industrialisierung bewirkte eine weitere Landflucht. Im Jahr 1950 gab es beispielsweise im Toulois, dem Land um die Stadt Toul, nur 30 ha Rebland, wo es im Jahr 1865 rund 6000 ha waren.

Heute arbeitet eine selbstbewusste Winzergeneration an der Wiederbelebung der Weinkultur in Lothringen. Die insgesamt 180 ha Weinberge werden von 22 Weinbaubetrieben an der Côte de Toul und 33 an der Moselle bewirtschaftet. Als Meilenstein feiern die Winzer die Anerkennung ihrer Weinbaugebiete als „Appellation d`Origine Contrôlée". Die AOC Côtes de Toul wurde 1998 anerkannt und die AOC Moselle Ende 2009.

Im Departement Moselle wachsen an den Flüssen Moselle und Seille überwiegend weiße Rebsorten wie Gewürztraminer und Pinot Gris (Grauburgunder). Im Anbaugebiet Côtes de Toul im Departement Meurthe-et-Moselle stehen die Rebstöcke in Orten westlich von Toul. Dort werden überwiegend rote Rebsorten wie Gamay, Pinot Noir (Spätburgunder) und Pinot Meunier (Schwarzriesling) kultiviert. Am bekanntesten ist der Vin Gris, ein sehr heller Roséwein, der im Allgemeinen aus Gamay gekeltert wird.

Auch die Namen der Weinorte klingen wie Musik: Apach, Ancy-sur-Moselle, Berg-sur-Moselle, Château-Salins, Kirsch-les-Sierck, Sierck-les-Bains, Vaux, Vic-sur-Seille sowie Bruley, Charmes-la-Côte, Lucey, Mont-le-Vignoble ...

IETSKE UND MARK DE VRIES

Gastronomen am Col de Bussang, Bussang

Wie weit steht Ihr Haus von der Moselquelle entfernt?

Von unserem Haus bis zur Quelle sind es 400 m.

Weiß man wie alt dieses Haus ist und wie es in seiner Vergangenheit genutzt wurde?

Das ursprüngliche Haus existiert seit 1860 (es wurde gleichzeitig mit dem anliegenden Tunnel gebaut) und wurde zur gastronomischen Nutzung errichtet. Zu dieser Zeit markierte der Tunnel die deutsch-französische Grenze. Im Jahr 1944 wurde das Haus in Trümmer gelegt. Nach dem Krieg wurde es bis 1953 neu erbaut und nahm die heutige Gestalt an. Seitdem dient es als Hotel-Restaurant „du Col de Bussang".

Wie beschreiben Sie Ihre Gäste?

Die größte Gästegruppe besteht aus Motorradfahrern, aber auch viele Fahrradfahrer sind bei uns zu Gast. Unter den Letzteren sind auch viele deutsche Gäste, die nach einer erholsamen Nacht bei uns von hier aus die Mosel entlangfahren.

Viele unserer Gäste wissen aber nicht, dass die Moselquelle so nah ist, besuchen jedoch gerne nach unserem Hinweis das Monument, welches die Moselquelle ziert, bei einem Spaziergang.

Wie beschreiben Sie Ihre Region?

Unser Hotel ist von Bergen und Wald umgeben, sodass man häufig Gemsen selbst von der Terrasse des Hotels aus erblicken kann. Das Hotel besitzt eine eigene Mineralwasserquelle, an der jeder Wasserhahn des Hotels angeschlossen ist. Die kurvige Berglandschaft ist für alle Gäste interessant, besonders jedoch für Motorrad- und Fahrradfahrer. Die Wanderer können ausgezeichnete Fußmärsche unternehmen. Unser Geheimtipp ist das Plateau des Mille Etangs, das Tausend-Seen-Gebiet.

Wenn Sie die Augen schließen und den Begriff „Mosel" hören, was kommt Ihnen in den Sinn?

Wir wohnen seit 14 Jahren hier und sind an die „Moselle" - den kleinen französischen Fluss gewöhnt, aber wenn wir die Augen schließen, sehen wir eher die breite, von Weinbergen umgebene Mosel, an der wir schon öfters unseren Urlaub verbracht haben.

Wie wünschen Sie sich die Mosel in 20 Jahren?

Die Mosel sollte sich nicht ändern. Sie ist schön, so wie sie ist.

Vaux

Côtes de Toul

JEAN-MICHEL MANGEOT

Weinbaupräsident des AOC Côtes de Toul, Bruley

Was macht die Mosel und ihre Weine einzigartig?

Ihre Internationalität, ihre typischen Weine und andere Charakteristika machen die Mosel einzigartig. Hier hat gewiss jeder seine „coin de paradis" (Paradiesecke). Für mich ist die Mosel mein Fluss, hier bin ich zu Hause. Und alle, mit denen ich den Fluss und den Beruf teile, sind meine Brüder. Und das macht die Mosel einzigartig.

Warum wurden Sie Moselwinzer?

Es hat sich einfach irgendwann so ergeben. Obwohl dieser Beruf für mich nicht vorgezeichnet war. Zunächst habe ich als Ingenieur in Paris gearbeitet. Als gebürtiger „Ostfranzose" wurde ich immer als der, „der aus Sibirien kommt" betrachtet. Ich habe mich immer dagegen gewehrt und davon erzählt, dass dort guter, sehr guter Wein wächst. Irgendwann war ich des Lebens in Paris überdrüssig, kehrte nach Lothringen zurück und wurde natürlich Winzer. Ich glaube, dass uns Moselwinzern diese Eigensinnigkeit zu eigen ist, unser Terroir und unsere Weine trotz aller Hürden und Probleme zu verteidigen.

Wann sind Sie es heute besonders gerne?

Die Zeit der Lese liebe ich besonders, vor allem bei sonnigem Wetter, wie in den vergangenen Jahren. Sie ist das Ergebnis eines langen Arbeitsjahres. Alljährlich diese Aufregung um das Wetter - ist es für die Trauben günstig? Wenn die Trauben mit ihrem Potenzial gelesen sind, kann die Kellerarbeit endlich beginnen. Jedes Jahr ist anders und jedes Jahr bringt neue Berufskenntnisse und Erfahrungen. Zugleich ist die Lese jene Zeit, in der die menschlichen Beziehungen besonders wichtig sind: Stress und Ärger sind zu bewältigen und zum Glück gibt es die freundlichen Momente - das gesamte Spektrum des Menschseins, hochkonzentriert.

Wenn Sie die Augen schließen und den Begriff „Mosel" hören, was kommt Ihnen in den Sinn?

Ein kleiner Fluss, der sich durch Weinberge, Wälder, Wiesen und ruhige Dörfer, verschwiegene Täler schlängelt. Ein gotischer Dom (in Toul), der sich bei Sonnenuntergang im glänzenden Wasser spiegelt.

Wie wünschen Sie sich die Mosel in 20 Jahren?

Ein bisschen wie das Loiretal oder die Rhône: ein zusammenhängendes Weinbaugebiet entlang des Flusses - mit unterschiedlichen Weinen. Unterschiedlich, aber trotzdem nah beieinander, wie in einer Familie. Jeder hat seine Persönlichkeit, aber wir teilen uns dieselben Gene durch eine gemeinsame Geschichte.

JACQUES MERCIER

Chefdirigent Orchestre National de Lorraine, Metz

Sind Sie Moselaner?

Ich wurde in Metz geboren und habe die ersten 13 Jahre meines Lebens auf einer von den Nebenarmen der Mosel umflossenen Insel gelebt. Als Kind zog mich das Ufer magisch an. In den Augen meiner Mutter stellte das Ufer indes eine Gefahr dar, denn sie fürchtete, eines ihrer sieben Kinder könnte ertrinken... Für mich bedeutete die Mosel Schutz und Furcht zugleich: Ich habe selber eine Überschwemmung miterlebt, bei der wir mit dem Boot evakuiert wurden ... Später hat man die Mosel kanalisiert und Stauwehre regulieren jetzt die Wassermengen. Die Mosel bildete meinen Horizont. Das Wort „Mosel" war für mich kein Eigenname, sondern es stand für „Fluss" schlechthin.

Was heißt es für Sie, Moselaner zu sein?

Moselaner zu sein heißt für mich, einer von der Geschichte gebeutelten Grenzregion zugehörig zu sein. Mein Vater war gebürtiger Deutscher, dessen Vater wiederum gegen seinen Willen in der deutschen Armee dienen musste. Als ich in den 70er Jahren nach Paris kam, musste ich dann eine Wiedereinbürgerungsbescheinigung vorlegen. Ich betrachte es als ein großes Glück, miterleben zu dürfen, dass die Beziehungen zwischen Franzosen und Deutschen nunmehr auf echter Freundschaft beruhen.

Wohin führte Sie bisher Ihre Arbeit?

Studiert habe ich in Paris. Dort und in der Region Ile de France habe ich 30 Jahre lang gearbeitet. Ich bin aber auch viel gereist. Mein Beruf hat mich auf alle Kontinente geführt. Dass ich in die Region Mosel zurückgekehrt bin, geschah eigentlich aus Zufall. Nachdem ich die Leitung des Nationalorchesters Ile de France abgegeben hatte, wurde mir das Dirigat des Nationalorchesters Lothringen angeboten, das in Metz beheimatet ist. Wie der Zufall es will, wohne ich jetzt am Ufer der Mosel vis-à-vis der Insel, wo ich meine frühen Kindertage verbrachte...!

Sie arbeiten auch mit grenzüberschreitend zusammengesetzten Orchestern. Im vergangenen Jahr führten Sie Gustav Mahlers "himmlische" Sinfonie Nr. 3 auf – mit Ihrem Lothringer Nationalorchester, der Deutschen Radio Philharmonie Saarbrücken Kaiserslautern, den Damen des Trierer Domchores, dem Mädchenchor am Trierer Dom und den Trierer Domsingknaben. Die Aufführungen waren in Metz und in Völklingen. Worin besteht für Sie der Reiz solcher Mammutwerke?

Die zeitweilige Zusammenlegung zweier Orchester für die Aufführung imposanter Werke wie die 3. Sinfonie von Mahler ermöglicht die Annäherung zweier Kulturen und einen von uns allen gewünschten intensiven zwischenmenschlichen Austausch, der die beiden Grenzregionen Mosel und Saar bereichert und das Einvernehmen fördert.

Metz

Welche Botschaft geht dabei an die Mitwirkenden und welche an die Besucher?

Ein Werk wie dieses zeigt, dass unsere beiden Kulturen einander nahestehen und sich ergänzen, dass unsere Unterschiede uns bereichern, und dass die Kunst es den Bewohnern dieser beiden benachbarten Regionen ermöglicht, wieder zusammenzukommen und gemeinsame Werte zu teilen.

Wenn Sie die Augen schließen und den Begriff "Mosel" hören, was kommt Ihnen in den Sinn?

Mit dem Wort „Mosel" verbinde ich vor allem auch die Freude, naturverbunden in einem fruchtbaren Gebiet zu leben, das sich seiner Einheit allerdings nicht immer bewusst war: Die luxemburgischen und die deutschen Weine sind bekannt, und ich freue mich, dass die Hänge der Mosel in Frankreich wieder zur Geltung gebracht werden - und das mit Erfolg.

Wie wünschen Sie sich die Mosel in 20 Jahren?

Mein Wunsch ist es, dass die Mosel einer florierenden, dauerhaft befriedeten Region, die sich ihres Zaubers und ihrer Schönheiten bewusst ist, einer Region, wo das Herz Europas schlägt, zum Segen gereicht.

DIE LUXEMBURGISCHE MOSEL – D'MUSEL

„Wer mit dem Strom schwimmt, kommt nie an die Quelle" sagt Marc Weyer, Präsident des luxemburgischen Winzerverbandes und schwärmt von den wunderbaren Momenten im Leben, die mit einem Glas Crémant noch schöner werden. An der luxemburgischen Mosel bewirtschaften rund 500 Weinbaubetriebe 1350 Hektar Weinberge am Ufer der Mosel. In Grevenmacher wird das französisch-luxemburgisch-deutsche Projekt „Terroir moselle" koordiniert.

Die Liste der kulturellen Highlights in Luxemburg ist lang: spektakuläre Neubauten wie das MUDAM und die Philharmonie sind Publikumsmagnete, die Spitze des Eisbergs. Selbstbewusst präsentiert sich parallel das Weinmuseum in Ehnen. In vielen Restaurants der Mosel werden traditionelle Spezialitäten angeboten, sowie die klassische, französische und internationale Küche.

Die Reben wachsen wie am deutschen Ufer der hiesigen Mosel auf Keuper, Tonmergel und Muschelkalkböden. Rivaner, Auxerrois, Pinot Gris (Grauburgunder), Riesling, Pinot Blanc (Weißburgunder) und Elbling sind die wichtigsten Weißweinsorten, Pinot Noir (Spätburgunder) die wichtigste Rote Rebsorte. Die luxemburgischen Winzer bauen ihre Weine überwiegend reinsortig aus. Die Herkunfts-Appellation Marque Nationale gibt es seit 1935. Seit 1991 gibt es sie auch für den Crémant, den nach traditioneller Methode erzeugten Schaumwein. Im vielsprachigen Luxemburg hat sich Französisch als Weinsprache etabliert.

Für den Crémant werden reife, gesunde Trauben von Hand gelesen und schonend gepresst (aus 150 kg Trauben maximal 100 Liter). Nach der ersten Gärung werden aus dem Grundwein auch Cuvées erstellt. Zur zweiten Gärung kommt der Wein in jene Flasche, in der er später auch serviert wird. Doch zuvor bleibt er mindestens neun Monate darin auf der Hefe, ehe er degorgiert wird. „Mit seiner feinen, belebenden Perlage bildet er die Königsklasse unter den Schaumweinen aus Luxemburg" heißt es bei den Winzern.

Natürlich genießen die Luxemburger diesen feierlichen Trank in den besonderen Momenten im Leben - oder sie feiern das Leben, manchmal an einem ganz normalen Tag, das Erreichen einer Quelle - während andere sie noch für unerreichbar halten.

Grevenmacher

OCTAVIE MODERT

Kulturministerin, Luxembourg

Die Luxemburger Kulturszene ist quirlig. Mit Bauten wie der Philharmonie in Luxemburg oder dem Museum für zeitgenössische Kunst MUDAM und den vielfältigen Ausstellungen im ganzen Land setzen Sie internationale moderne Maßstäbe. Wein war in der Vergangenheit oft Inspiration für Kunst- und Kulturschaffende. Wo sehen Sie heute die Schnittstellen zwischen Kunst, Kultur und Wein?

Oh ja, Luxemburgs Kultur lebt, und unsere Kulturszene ist lebendig und hat internationales Niveau. Luxemburgs kosmopolitisches Flair verdankt der Kultur extrem viel. Unser Kulturangebot ist intensiv, vielfältig und hochwertig. Kunst, Kultur und Wein sind auf regionaler und nationaler Ebene fest miteinander verflochten. Die Moselgegend in Luxemburg zählt mehrere Kulturhäuser, die sich dem Weinbau und dem Winzerleben widmen und erzählen die Geschichte der harten, aber notwendigen Handarbeit des Winzers. Das Nationalmuseum für Geschichte und Kunst zeigt in seinem Bestand wichtige archäologische Funde aus der Moselregion. Wein und Kunst treffen sich auch bei der künstlerischen Gestaltung von Weinetiketten: jährlich interpretiert und illustriert ein luxemburgischer Künstler das Thema der Traube neu.

Welche Veränderungen des Weinbaus an der Mosel fallen Ihnen besonders auf?

Der Weinbaubetrieb zeichnet sich in Luxemburg durch seine hohe Qualität aus. Die Region zählt viele kleinere sowie größere Familienbetriebe, die ganze Generationen an reichem Familienwissen mit in die Weinherstellung eingehen lassen. Jedoch ist man darauf bedacht, einer gewissen Verantwortung sowie einer immer wachsenden Nachfrage für eine nachhaltige Produktionsweise gerecht zu werden. Die heutige Nachwuchsgeneration arbeitet stets mit Respekt und im Einklang mit Tradition und Qualität. Des Weiteren fällt auf, dass Frauen sich immer häufiger in diesem Bereich zu Wort melden und beweisen, dass Wein auch Frauensache ist.

Zu welchen Anlässen und Speisen trinken die Luxemburger ihren Moselwein?

Die Luxemburger sind sehr stolz auf ihre regionalen Weinprodukte. Die Moselweine sind Synonym für Innovation und Tradition und werden gerne im Rahmen geselliger Treffen sowie verschiedenster Anlässe genossen. Kultur und Wein gehen hier gemeinsam einher. Typische Moselgerichte sind die beliebte „Friture" und der Hecht.

Wenn Sie die Augen schließen und den Begriff „Mosel" hören, was kommt Ihnen in den Sinn?

Die Moselgegend ist mit ihrer speziell angelegten Terrassenlandschaft eine Region, die sehr reich an Kultur und Geschichte ist. Der Fluss ist seit jeher über die Grenzen hinaus ein konstantes Verbindungsglied dreier Kulturen. Wenn ich nun an die Mosel denke, denke ich auch an die Route du Vin, die schon den Römern diente, um von Metz über Luxemburg nach Trier zu gelangen, und uns hier ein reiches kulturelles Erbe hinterlassen hat. Ich denke an den Fluss, der über 540 km lang ist und drei Länder miteinander verbindet und viele Künstler inspiriert. Ich denke auch an die verschiedenen Kulturorte der Gegend, die sich immer wieder ersuchen, Kunst- und Kulturintressierte aus allen Orten zusammenzuführen. Grenzen werden überwunden, Brücken gebaut und eine Vielfalt an gemeinsamen Projekten erschlossen. Außerdem wurde durch das Schengener Abkommen am 14. Juni 1985 die Mosel ein Symbol für ein freies Europa ohne Grenzen.

Wie wünschen Sie sich die Mosel in 20 Jahren?

Die Mosel wird oft als europäische Ader bezeichnet. Diese Rolle soll der Mosel auch weiterhin zukommen. Kultur, Tradition und Geschichte sind wichtig und ihre Kenntnis eine Voraussetzung für die Weiterentwicklung und das Stärken der regionalen Identität. Eine starke Region braucht eine solide Basis und eine starke Unterstützung. Die Kultur soll uns dabei helfen. Ich wünsche mir, dass die Mosel uns weiterhin ein Sinnbild ist für die Gemeinsamkeiten, die wir mit unseren europäischen Nachbarn teilen.

Crémant-Keller, St. Martin

MARC WEYER

Präsident des Luxemburgischen Winzerverbandes, Grevenmacher

„Wer mit dem Strom schwimmt, kommt nie an die Quelle"

Was macht die Mosel und ihre Weine einzigartig?

Der Fluss Mosel als Rückgrat und Lebensader der Großregion setzt sowohl geografisch als auch landschaftlich starke Akzente und zeigt den naturgegebenen Umstand, dass unsere Region eigentlich seit ewig von der Quelle bis zur Mündung ein zusammenhängender Lebens-, Kultur- und Wirtschaftsraum war und ist.
Diesem Umstand ist es auch zu verdanken, dass die Urheber von "Terroir Moselle" die Region in einem, in Europa wohl einzigartigen Projekt der länderübergreifenden Zusammenarbeit fördern und fordern wollen.
Die Mosel ist mit einer Anbaufläche von 10.500 ha in den drei Ländern Deutschland, Frankreich und Luxemburg sicherlich nicht das größte, aber sicherlich eines der feinsten Weinanbaugebieten.
Die Reichhaltigkeit im kulturellen und landschaftlichen Erbe setzt sich nahtlos fort in einem überquellenden Füllhorn an Weinen von langer Tradition und großem handwerklichen Können. Dieses Füllhorn spiegelt aber auch die Unterschiedlichkeit von „Terroir" und lässt bei keinem Weinfreund Wünsche offen. Die Mosel, seit ewigen Zeiten Lebensraum der autochthonen Bevölkerung, ist von diesen Menschen mit ihren unterschiedlichen und immer wieder wechselnden Aktivitäten seit Jahrtausenden geprägt und verändert worden.

Warum wurden Sie Moselwinzer?

Eine platte Antwort wäre ja „weil meine Eltern schon Winzer waren". Wobei dieser Satz aber soviel Wahrheit enthält, dass mir schon in jungen Jahren „das Erbe der Väter" etwas bedeutet hat. Natürlich reicht das nicht, um ein Leben lang in einem Beruf, der wohl auch sehr viel mit Berufung zu tun hat, auszuharren.
Für mich war und ist es noch immer der schönste Beruf überhaupt, der mir durch meine Liebe zur Natur und die vielfältigen Arbeiten im Lauf des Jahres Mehrwerte verschafft, die nicht mit Geld und materiellem Besitzstand aufzuwiegen sind. Das Führen von Menschen in meinem Betrieb, das handwerkliche Arbeiten, die Organisation der unterschiedlichsten Abläufe, und nach vollbrachtem Tagwerk mit Zufriedenheit auf das Geleistete zurückblicken können, bestätigen mich, den richtigen Beruf gewählt zu haben.
Heute, mit größer werdendem Betrieb und der behördlichen Reglementierungswut und somit zunehmender Schreibtischarbeit, bleibt mir dennoch das Gefühl von Selbstständigkeit erhalten.

Wann sind Sie es heute besonders gerne?

Ein ganz besonderer Moment ist für mich immer die Traubenblüte, diese Tage, oder oft nur ein Einziger, an dem die Weinberge von diesem unbeschreiblichen Duft durchzogen werden. Die Stille einer lauen Sommernacht umhüllt von diesem subtilen Parfüm, als Zeichen von einem guten Blüteverlauf und Hoffnungsbote einer reichen Ernte.

Wenn Sie die Augen schließen und den Begriff „Mosel" hören, was kommt Ihnen in den Sinn?

Ich sehe vor meinem geistigen Auge den Fluss mit seinen von Reben bewachsenen Hängen und emsiges Treiben in den Dörfern, das gesellige Beisammensein froher Menschen, die dem Moselwein die Ehre erweisen, ihn als Quell der Erquickung nutzen, als Inspiration oder Muse sehen, oder ihn einfach aus Genuss und Spaß trinken. Ein besonders starker Ausdruck von Leichtigkeit und Eleganz, Beschwingtheit und Feierlichkeit ist unser Crémant. Dieser zu Perlen gewordene Traum, Ausdruck wahren Könnens unserer Winzer und Kellermeister, ist Zeuge von schöpferischer Kraft und innovativem Denken. Es ist der schäumende Beweis unserer Kulturlandschaft, tief im Terroir der weinbaulichen Besonderheiten verwurzelt zu sein. Wer ihn trinkt, der hört den ersten Schrei seines Erstgeborenen zu einer Freudensymphonie anschwellen und spürt wie er das vollendet, was er beim Schwur zum Bund des Lebens mit Crémant entfacht hat. Erst Crémant macht ein Fest zu einem wahren Fest, die Frauen sinnlicher und laue Nächte intensiver. Allen Zweiflern sei dringend zum Selbstversuch geraten.

Wie wünschen Sie sich die Mosel in 20 Jahren?

Dass es auch dann noch die Mosel gibt, mit ihren Winzern, Weinbergen und unnachahmlichen Weinen. Dass uns eine intakte Mosellandschaft mit lebendigen Dörfern erhalten bleibt. Dass die Mosel ein Muss auf dem Programm eines jeden Reisenden ist. Damit dies auch erreicht wird, müssen wir Visionen haben und heute die richtigen Entscheidungen treffen. Es müssen Dinge in die Wege geleitet werden, damit die Mosel und das nicht nur weinbaulich, sondern auch und im Besonderen, im Sinne einer gesamten und kohärenten regionalen Entwicklung, diesen Weg gehen kann. Der Weinbau selbst wird sich den Herausforderungen eines neuen Marktes stellen müssen. Dieser Markt wird weniger oder nicht mehr reguliert sein. Das Konsumverhalten wird sich verändern, hin zu Menschen, die sich preisgünstig ernähren und genießen wollen oder müssen. Es wird aber auch immer mehr Menschen geben, welche bereit sind das Authentische zu suchen, den wahren Genuss zu finden und bereit sind, dafür Geld auszugeben. Dafür müssen aber viele Dinge aufeinander passen, Dinge, die der Weinbau nicht alle alleine liefern kann. Deshalb muss der Weinbau eine noch stärkere Zusammenarbeit mit der Region und über die Grenzen der Region anstreben. Das muss auch politisch getragen, unterstützt und gefördert werden, und das nicht nur moralisch, sondern auch finanziell. An uns, die heute Verantwortung tragen, ist es, dies zu erkennen, zu verstehen und umzusetzen. Wer mit dem Strom schwimmt, kommt nie an die Quelle.

BEN HOMAN

Bürgermeister der Gemeinde Schengen, Schengen

Sind Sie Moselaner?

Ja. Meine Kindheit verbrachte ich in Schwebsingen, einige Kilometer flussabwärts von hier. Dort gibt es eines der ältesten Weinfeste. Als Kinder sind wir in der Mosel geschwommen und zum Angeln an den Fluss gegangen. Da ich aber kein guter Angler war, musste ich, wenn ich eine Friture essen wollte - es handelt sich hierbei um kleine gebackene Moselfische, eine unserer luxemburgischen Spezialitäten - immer ins Restaurant gehen.

Wie leben Sie in Schengen?

Gut! Wir denken nicht ständig an den bekannten Namen der Gemeinde, die nun aus neun Ortschaften besteht. Ab und zu schauen hier Staatsgäste vorbei. Aber wir leben und arbeiten hier so, wie in anderen Orten an der luxemburgischen Mosel auch gelebt und gearbeitet wird. Es gibt hier viele engagierte Winzer. Sie orientieren ihr Leben am Rhythmus der Reben. Die Reben sind tief verwurzelt und so sind es die Winzer auch und mit ihnen die anderen Bewohner. Im Frühling gab es hier traditionelle kirchliche Prozessionen durch die Weinberge, damit das frische junge Grün nicht von Maifrösten heimgesucht wird, und im Herbst feiern wir zum Dank für eine gute Traubenernte die „Hahnenfeier" und beginnen sie mit einem Hochamt in der Kirche. Diese Feier war entlang der Mosel grenzüberschreitend üblich, in unterschiedlichen Varianten ist sie älter als die Grenzen. Hier in Schengen wurde der Brauch wieder stark belebt durch das lokale „Syndicat d'initiative".
Wenn man als Luxemburger an der Mosel lebt und in den Norden des Landes kommt, lieben es die Menschen mit einem über den Wein zu sprechen. Und wir Moselaner lieben es auch, nur wir reden nicht nur über Wein, sondern trinken ihn auch sehr gerne. Obwohl jährlich rund 30 – 40.000 Besucher nach Schengen kommen, das Europazentrum besuchen, das den Werdegang der Schengener Verträge dokumentiert, sind wir uns der Bedeutung des Ortsnamens im Alltag nicht ganz bewusst. Schengen kann auf eine spannende Geschichte zurückschauen: das Schengener Schloss erzählt von der Vergangenheit, Goethe war hier, Victor Hugo und viele andere. Wir sind nicht die Ersten, die sich hier wohlfühlen und grenzenlos genießen!

Warum wurde das Schengener Abkommen hier unterzeichnet und nach der Gemeinde benannt?

Schengen liegt im Dreiländereck Frankreich-Luxemburg-Deutschland und ist von Frankreich aus kommend die erste Gemeinde auf luxemburgischem Territorium, dem die Mosel begegnet, und mittels einer Brücke mit dem deutschen Perl verbunden. Hier berühren sich Frankreich, Deutschland und Luxemburg, wobei Luxemburg zur Zeit der Unterzeichnung den Vorsitz der Beneluxstaaten innehatte. Benelux steht für Belgien, die Niederlande und Luxemburg. Der erste Vertrag von Schengen wurde am 14.6.1985 in Schengen auf dem Schiff „MS Princesse Marie-Astrid" unterschrieben, der 2. Vertrag, der oft auch „Schengener Durchführungsabkommen" oder „Schengen II" genannt wird, wurde, ebenfalls auf der Marie-Astrid, am 19.6.1990 unterschrieben. In Kraft getreten ist das Schengener Abkommen am 26.3.1995. Den Begriff „Schengen III" gibt es manchmal als Bezeichnung des „Vertrags von Prüm" aus dem Jahre 2005. Er hat inhaltlich mit anderen Verträgen zu tun (Terrorismusbekämpfung über die Grenzen hinaus etc...), aber nichts mit dem Ort.

Das Schiff Princesse Marie-Astrid ist nach einer Prinzessin unserer großherzoglichen Familie benannt. Die Landesgrenze verläuft hier jeweils am gegenüberliegenden Ufer. Der Fluss gehört hier, auch wenn er unterschiedliche Namen trägt, den Anrainerstaaten Luxemburg und Deutschland gemeinsam, ist deutsch-luxemburgisches Hoheitsgebiet, so wie auch die Grenzflüsse Sauer und Our.

Wenn Sie die Augen schließen und den Begriff „Mosel" hören, was kommt Ihnen in den Sinn?

Die erste Assoziation ist der Wein! Dann denke ich an den Fluss, die Weinberge, die Feste, die wir gemeinsam feiern. Fast jeder Luxemburger hat schon bei einem der Weinfeste an der Mosel mitgefeiert, die Spezialitäten der Mosel, das „Savoir vivre" genossen.

Wie wünschen Sie sich die Mosel in 20 Jahren?

Wir nennen den Fluss hier Musel. Ich wünsche mir, dass wir bodenständig bleiben, dass sich der Weinbau wie bisher weiterentwickelt und so die Kulturlandschaft weiterhin prägt. Denn der Weinbau ist das alles bestimmende Thema an der Musel, er verbindet die Menschen.

SÉGOLÈNE CHARVET

Koordinatorin Terroir Moselle, Grevenmacher

Was ist Terroir Moselle?

Terroir Moselle ist das Kooperationsprojekt der Winzer und weinkulturellen Akteure der Mosel. Seit einigen Jahren gibt es private und informelle Treffen zwischen Winzern und Akteuren des Moselweinbaus, wie z.B. der „Europäischen Akademie für Wein und Kultur". Franzosen, Luxemburger und Deutsche der Mosel-Weinszene werden zunehmend neugierig auf ihre Arbeit und Erzeugnisse. Ein französischer Gris de Toul, ein Crémant de Luxembourg und ein Riesling der deutschen Schiefer-steillagen zeigen Vielfalt und Reichtum des 550 Kilometer langen Tals. Es sind Gewächse aus drei verschiedenen Ländern mit gemeinsamer Herkunft.

Die Zeit war reif, etwas Gemeinsames zu machen: Terroir Moselle entstand. Das Projekt wurde im Januar 2010 der Öffentlichkeit vorgestellt. Während des damaligen Weinforums in den Trierer Viehmarktthermen gab es auch Weine aus Luxemburg und Frankreich. Seitdem fanden mehrere Präsentationen, Kongresse und gemeinsame Messeauftritte statt. Die LEADER-Gruppen in Frankreich, Luxemburg und Deutsch-land wurden als Stützpunkte der Arbeit gewählt. Wir sind schon etwas stolz darauf, dass die Mosel das erste europäische Weinbaugebiet ist, in dem es diese Form der Zusammenarbeit gibt. Aber vor allem bereitet es Freude, grenzüberschreitend zusammen zu arbeiten. Das setzt sehr viel Energie frei, die wir auch nach außen tragen wollen. Wir wollen ein Bewusstsein für dieses Europäische Tal und seine Weine schaffen.

Welche Aufgaben haben Sie als Koordinatorin von Terroir Moselle?

Seit 2011 arbeite ich für das Projekt, unterstütze die Arbeitsgruppen Naturraum und Landschaft, Weinbau und Oenologie sowie Kultur und Tradition. Diese Arbeitsgruppen organisieren Veranstaltungen und kümmern sich um die Produkte. Dazu gibt es eine Steuerungsgruppe, die sich aus Akteuren der drei Gruppen zusammensetzt. In allen Gruppen sind Vertreter aller drei Länder.

Wie verständigen Sie sich?

Das ist wirklich ein spannender Prozess, eine Herausforderung. Einige sprechen Französisch und Deutsch. Wir dolmetschen alle, damit alle alles verstehen.

Wenn Sie die Augen schließen und den Begriff „Mosel" hören, was kommt Ihnen in den Sinn?

Die Mosel ist ein europäischer Fluss, das Rückgrat der Großregion, der Menschen verbindet, an dessen Ufern eine wunderbare Vielfalt von Weinen wächst. Und obwohl dieser Fluss immer derselbe ist, haben Frankreich, Luxemburg und Deutschland un-terschiedliche Bezeichnungen für ihn: la Moselle, d'Musel, die Mosel - und das eint uns.

Schengener Schloss, Schengen

Wie wünschen Sie sich die Mosel in 20 Jahren?

Eine weiterhin innige und brüderliche Zusammenarbeit von Winzern und Kulturakteuren entlang des Flusses, das wünsche ich mir. Die bereichernden, spannenden Unterschiede sollen natürlich bestehen bleiben, so dass für alle immer etwas zu entdecken bleibt, dass diese Neugier aufeinander bleibt.

PAUL LENERT

Luxemburger Wort, Generaldirektor Saint-Paul Luxembourg S.A., Luxemburg

Die ersten Gedanken und Bilder, die einem in den Sinn kommen, wenn man „Mosel" hört, sind natürlich die Weinberge und die Gemütlichkeit, die sie ausstrahlen, die Ruhe, die sie vermitteln, egal wie anstrengend und schnell der Alltag auch sein mag. Die Mosel, eine herrliche Gegend, die immer wieder zum Schwärmen verführt, zum Abschalten anregt und in Urlaubsstimmung versetzt. Dies nur ein paar Minuten von der Stadt Luxemburg entfernt. Ein einmaliges Geschenk der Natur, leicht erreichbar für jedermann.

Auch über die Grenzen hinweg sind diese Bilder ein schöner und interessanter Kontrast zur Stadt, die oft als Vorzeigebeispiel der Mitgliedsstaaten von Europa dargestellt wird und deren Image von wirtschaftlichem und politischem Erfolg geprägt ist. Die Mosel trägt durch ihre geschätzten Spitzenweine zum internationalen Bekanntheitsgrad des Landes bei, zusätzlich hierzu zeigt die Moselregion den reizvollen und freundlichen Charakter Luxemburgs und der Luxemburger, die es verstehen, das Leben mit einfachen Werten und einem guten Tropfen aus Luxemburger Trauben zu genießen.

HERBERT BECKER

Tageblatt - Zeitung fir Letzebuerg, Esch-Sur-Alzette

Mosel ist für mich: „Genuss am Fluss auf voller Länge - wo Riesling, Zander und Madeleines sich vermählen - von Nancy über Schengen bis zu den „Schängelcher!" Mosel ist für mich: „Nicht enden wollende Gaumenexplosionen von Remiremont bis Confluentes!"

LEA LINSTER

Sterneköchin, Fernsehköchin, Brigitte-Kolumnistin, Frisange/Luxembourg

Sie haben Jura studiert und übernahmen trotzdem das Restaurant der Familie in Frisange unweit der Mosel. Was bewog Sie, sich der „Restaurierung" von Gästen zu widmen?

Weil es das ist, was ich am besten kann und was mir die größte Freude macht. Es wurde mir wahrscheinlich in die Wiege gelegt.

Fühlen Sie sich als Moselanerin?

Ja, sehr. Seit 1995 habe ich mein Haus in den Weinbergen mit direkter Sicht auf die Mosel. Mein erster Blick am Morgen und mein letzter am Abend geht zum Fluss.

Haben Moselaner ein besonderes Genießer-Gen?

Genießer gibt es überall. In einer Weingegend wohnen generell viele Menschen, denen Genuss und Lebensfreude Grundbedürfnisse sind.

Können Sie in der Esskultur der Moselaner in den drei Ländern Gemeinsamkeiten erkennen?

Es gibt viele genussvolle Gemeinsamkeiten, aber zum Glück auch viele leckere Unterschiede, die es Wert sind, das andere Ufer der Mosel zu erkunden.

Gibt es in Ihren Bestseller-Kochbüchern Mosel-Gerichte?

Ja - zum Beispiel meine Hechtklöße oder auch das Poulet in Rieslingsauce.

Was schätzen Sie am Moselwein aus den drei Ländern?

Allein der Gedanke an die fröhliche Säure des Moselweins erheitert mein Gemüt.

Wenn Sie die Augen schließen und den Begriff „Mosel" hören, was kommt Ihnen in den Sinn?

Wenn ich meine Augen schließe, dann sehe ich immer nur meinen (Mann) Sam.

Wie wünschen Sie sich die Mosel in 20 Jahren?

Am liebsten unverändert.

Grevenmacher Weinberge

Nittel

DIE SÜDLICHE WEINMOSEL

Die Winzer an diesem vormals Obermosel genannten Abschnitt der Mosel südlich von Trier gelten als besonders großzügig und weitblickend. Das saarländische Perl ist die südlichste Weinbaugemeinde an der deutschen Mosel, die in der Amtssprache zwar „Mosel" heißt – im moselfränkischen Dialekt aber konsequent bis nach Koblenz „Musel" genannt wird. Während Nennig noch saarländisch ist, gehört das politisch traditionell umkämpfte Schloss Thorn heute schon zu Palzem, dem Landkreis Trier-Saarburg und damit zu Rheinland-Pfalz. Und um die Verwirrung zu komplettieren: Der saarländische Qualitätswein wächst an der Obermosel und nicht an der Saar.

Die Anbaufläche umfasst einschließlich der Saarländischen Weinberge 800 ha, die hier vorherrschenden Keuper-, Tonmergel- und Muschelkalkböden bieten dem traditionsreichen Elbling ideale Bedingungen. Natalie Lumpp empfiehlt ihn zu einer herzhaften Vesper. Die Elbling-Route führt von Schloss Thorn bis zur Saarmündung bei Konz. Die Winzer kultivieren zudem Weißen und Grauen Burgunder, Auxerrois und Chardonnay. Auch Blauer Spätburgunder wird angebaut und vereinzelt Exoten wie Roter Elbling und Sauvignon gris, zuweilen auch Riesling.

Die Römische Villa in Nennig beherbergt eines der berühmtesten Römischen Mosaike nördlich der Alpen, in Perl-Borg wurde eine sehr großzügige römische Villa rekonstruiert, in Tawern Teile eines Tempelbezirks. Die Igeler Säule, ein monumentales römisches Grabmal, ist heute Unesco-Weltkulturerbe. In Konz gewährt das Freilichtmuseum Roscheider Hof Einblicke in die Vergangenheit.

Die Menschen, die dort leben, genießen den grenzenlosen Blick.

KURT BECK

Ministerpräsident von Rheinland-Pfalz, Mainz

Die Mosel ist eine europäische Lebensader, in der französisches Wasser, luxemburgisches Wasser und deutsches Wasser zusammenfließen. Von der Quelle in den Vogesen bis hin zur Mündung im rheinland-pfälzischen Koblenz ist die Mosel uns Vorbild darin, Grenzen zu überwinden und Gemeinsamkeiten zu erleben.

BEATE SCHINDLER

FOCUS-Redakteurin, München

Im FOCUS waren die deutschen Weine von Anfang an ein Thema. Der grandiose 1990er und auch die darauf folgenden Jahrgänge animierten die Weinfedern in unserer Redaktion bereits zu einem viel beachteten mehrseitigen Report. Spannend sind für uns die Menschen, die - prominent oder im Verborgenen - hinter einem guten Wein stehen.

Auf einem internationalen Weinfestival in Kanada präsentierten exzellente Weinmacher aus der Mosel-Region ihre edlen Kreszenzen. In dichten Menschentrauben sammelten sich die Kanadier um die Weinstände. Und genauso wie ich waren sie zutiefst beeindruckt von diesen wunderbar fruchtigen Rieslingen.

Die Entwicklungen, auch in Frankreich und Luxemburg, beobachten wir gespannt.

HELMUT HERBER

Präsident des Saarländischen Winzerverbandes e.V., Perl

Was macht die Mosel und ihre Weine einzigartig?
Die Menschen, die Landschaft, das Terroir, das Klima.

Warum wurden Sie Moselwinzer?
Um die Weinbautradition, mit Respekt vor der Natur, weiter zu führen.

Wann sind Sie es heute besonders gerne?
Wenn ich Menschen mit Wein begeistern kann.

Wenn Sie die Augen schließen und den Begriff „Mosel" hören, was kommt Ihnen in den Sinn?
Wasser, Wein, Kultur, Steillagen, Freizeit.

Wie wünschen Sie sich die Mosel in 20 Jahren?
Eine positive Weiterentwicklung des Weinbaus und ein weiteres Zusammenwachsen mit unseren Nachbarn in Luxemburg und Frankreich.

Blick auf Dreiländereck

Saarbogen bei Wiltingen

DIE SAAR

Weinfreaks sprechen schon die Ortsnamen leise, wie ein Gebet:
Wiltingen, Wawern, Ockfen, Kanzem, Ayl ...

Die südlichsten Reben der Saar wachsen heute bei Serrig. Wie die Mosel aus den regenreichen Vogesen kommend, ist die Saar mit 227 Kilometern Länge ihr größter Nebenfluss und mündet bei Konz in die Mosel. J. W. v. Goethe schrieb 1792 bei seiner Bewunderung des „Monuments von Igel": „Die Mosel fließt unmittelbar vorbei, mit welcher sich gegenüber ein ansehnliches Wasser, die Saar, verbindet; die Krümmung der Gewässer, das Auf- und Absteigen des Erdreichs, eine üppige Vegetation geben der Stelle Lieblichkeit und Würde."

Auf rund 750 ha Anbaufläche wachsen überwiegend Riesling-Reben auf Schieferböden. Dabei liegen nur wenige der Saarlagen in direkter Flussnähe, sie erstrecken sich großparzellig an den nach Südost bis Südwest ausgerichteten Hängen. Einige der hier wachsenden Weine zählen zu den teuersten der Welt und werden an den feinsten Tafeln serviert. Im Jahr 1954 wurde beim Nobelpreis-Bankett zur „Truite de rivière fumée" ein „Ockfener Bockstein, 1952" gereicht. Die traditionsbewussten Saarwinzer zeigen stolz rund 100 Jahre alte Weinkarten aus erlesenen Restaurants, in denen die Weine berühmter Saar-Weingüter neben Weinen aus Burgund stehen, teurer als die legendären Burgunder.

Stefan Andres schrieb 1960 in „Die Großen Weine Deutschlands": „Einst gehörte dem Domkapitel von Trier der Wawerner Wein. Der Erlös aus dieser Gemarkung war zur Beleuchtung des Trierer Domes bestimmt. Ob nun nach besonders guten Jahrgängen der Dom in hellerem oder schwächerem Licht lag, lässt sich leider nicht mehr feststellen."
Auch wenn es 1960 den Begriff Weinfreak vermutlich noch nicht gab, der Moselaner Stefan Andres war einer.
Er schrieb im gleichen Buch über einen 1957er Ayler Riesling - hochfeine Auslese: „Die Klarheit des Weines geht bis zum Schwarzglanz, seine leicht beweglichen Bukettstoffe sind unsichtbare schwebende Gärtchen."

CLAUS PIEDMONT

Weinbau-Ingenieur, Saar-Experte, Konz

Fühlen Sie sich als Moselaner?

Selbstverständlich! Die Saarweinberge gehörten zur Rheinprovinz. Wir Moselaner sind also im weitesten Sinne Rheinländer. An der Saar wachsen an 26 Flusskilometern auf 736 ha Reben, was heute etwa acht Prozent der gesamten deutschen Moselwein-baufläche ausmacht.

Warum huldigen Sie dem Saarwein?

Weil ich hier in diesem Tal geboren bin. In der Vergangenheit brachte die Saar in zwei von zehn Jahren den besseren Moselwein hervor. Heute sind es weit mehr. Wieviel genau lässt sich nur durch intensive Vergleiche unter Berücksichtigung besonders exponierter Lagen ermitteln. Die schönste aller Luxusfragen.
Man schmeckt diese geballte Geschichte und spannende Geschichten in diesem Wein. Die Betriebsstrukturen sind an der Saar grundlegend anders als an der Mosel. Der von Napoléon Bonaparte in den linksrheinischen Gebieten eingeführte Code Civil umfasste auch die Realteilung, nach der der Familien- und insbesondere Landbesitz unter allen Kindern gleich aufgeteilt wurde und so auch die besten und normalen Weinbergsparzellen an der Mosel immer kleiner werden ließ.
Die Realteilung beeinflusste die Größe vieler Saarweingüter und -Weinberge nicht, weil sie oft nur ein Teil des jeweiligen Familienbesitzes ausmachten und somit nicht geteilt wurden. Es gibt hier Hausparzellen von 10 bis 30 ha. Etliche der durch ihre Stahlfabriken reich gewordenen „Saarbarone" hatten hier ihre Weingüter. Wer es sich leisten konnte, hatte ein Weingut an der Saar. Es war chic. Vielleicht stammt aus jener Zeit einer meiner Lieblingssprüche: Es gibt drei Arten sein Geld auszugeben: am schnellsten auf der Rennbahn, am schönsten mit Frauen und am sichersten in Landwirtschaft und Weinbau.

Was schätzen Sie am Saartal?

Das Saartal war lange ein „Puffergebiet" zum damaligen „Erbfeind" Frankreich und somit infrastrukturell auf den ersten Blick benachteiligt. Es gab hier viele Eichenhecken, die in sogenannten „Gehöferschaften" bewirtschaftet wurden, einem „urkommunis-tischen" Modell mit unzähligen Eigentümern, zu denen auch die Gerbereien gehörten. Das Gehöferschaftsrecht galt vor dem Grundbuchrecht. Jede Gehöferschaft bewirt-schaftete 20 Gewanne (zusammengefasste bzw. abgetrennte Parzellen) von denen jährlich eines abgeholzt bzw. geerntet wurde. Der Wurzelstockausschlag war nach 20 Jahren wieder ernterreif. Dieses Eichen-Knüppelholz wurde zur „Lohe-Herstellung" in den Gerbereien in Trier und entlang der Saar genutzt. Im Bergbau und in der Stahlindustrie an Saar und Mosel wurde, ehe es Kunststoffe gab, ungeheuer viel

Leder für Riemen, Bänder und Dichtungen gebraucht, und das musste gegerbt werden. Als 1878 die Eisenbahnlinie „Metz-Trier" als Teilstrecke der „Kanonenbahn" Berlin-Metz fertiggestellt wurde, war auch der Weg nach Süden, zum Mittelmeer, frei. Aus dem Mittelmeerraum wurden beispielsweise Zypressenkerne hierher geliefert, die die 100-fache Gerbwirkung von Eichenholz hatten. Was tun mit den Gehöferschaften? Es wurde damit begonnen, auf den Südhängen der vormaligen Lohhecken Weinberge zu pflanzen. Es entstanden große Weinbergsparzellen, die teilweise auch verkauft wurden. Beispielsweise im Jahr 1860 wurde in Serrig mit dem Bau der Staatsdomäne begonnen: ein 37 ha großer Weinberg, die damals größte zusammenhängende Weinbergsfläche Europas - durchzogen von einer 13,9 km langen Feldbahn.

Der frühere Lebensstil in einigen Weingütern ist heute, neben den Bauten selbst, beispielsweise noch an den oft darin hängenden Gemälden zu erkennen, von Ramboux und anderen Meistern – kostbar und vor allem: zum Niederknien schön.

Wenn Sie die Augen schließen und den Begriff „Mosel/Saar" hören, was kommt Ihnen in den Sinn?

Diese wundervollen Tempera-Gemälde, die barocke Pracht mancher von außen unscheinbarer Dorfkirchen entlang der Mosel. Ich liebe es, sonntagmorgens mit meiner Familie in sonntäglicher Feierlichkeit durch fast unbekannte Mosel-Dörfer zu gehen, in die Kirchen zu schauen, wenn die Sonne auf den Schieferdächern glänzt. Ich liebe die Frühlingsabende hier an der Saar, die auch das „Tal der Nachtigallen" genannt wird. Die sieben Nachtigallen, die rund um unser Haus leben, stürzen es an Frühlingsabenden in eine wunderbare Wolke aus kostbarster Musik. Und ich liebe die Gerüche aus den Weinbergen ringsum, die wundersamen, filigranen, sinnlichen Düfte aus einem Glas Riesling. Und damit es nicht zu schön wird, denke ich zwischendurch an den prägnantesten der hier wahrnehmbaren Gerüche: Wildschwein im Weinberg.

Wie wünschen Sie sich die Mosel in 20 Jahren?

Dass ich dann so wie heute mit einem Glas Riesling in der Hand die Aussicht von der Klause in Kastel-Staadt genießen kann:
Ich sehe zuerst ein keltisches Hügelgrab, die ehemalige Staatsdomäne Serrig mit dem ehemaligen Gefängnis für Strafgefangene, die sie einst errichten mussten. Es heißt wirklich „Auf der Walachei". Dann erblicke ich das einstige Weingut „Herrenberg", erbaut von Freiherr von Schorlemer für sich selbst, der hauptberuflich für den Bau der Staatsdomänen verantwortlich war. Im Jahr 1912 wurde „Schloss Saarfels" fertiggestellt. Die damaligen Verhältnisse der Weingutsbesitzer rechtfertigten einen Schlossbau. Man vermarktete dort eine Million Flaschen Sekt im Jahr und die Sektsteuer war begehrt zur Finanzierung der Kriegsmarine. Dann sehe ich den Altfelsen. Die Klause steht auf den Resten einer römischen Fluchtburg und wurde 1833 von Friedrich Wilhelm dem IV. und seiner Frau Elisabeth von Bayern erbaut. Johann von Boehmen wurde hier zum 3. Mal beerdigt, ehe er 1946 seine derzeit letzte Ruhestätte im Dom zu Luxemburg fand. Vor der Klause steht eine Kirche aus dem 9. Jahrhundert mit den Resten eines Amphitheaters aus dem 2. Jahrhundert. Außerdem sehe ich zwei Weinbergslagen: Staadt, also die Benediktinerabtei Taben sowie den „Maximiner Prälat". So soll es bleiben!

DIE RUWER

Die engagierten Winzer, die heute am Unterlauf des rund 50 Kilometer langen Flusses arbeiten, berufen sich auf die subtile, eigene, „königliche" Art des Ruwer-Rieslings, verweisen stolz darauf, dass er in internationalen Rankings im Verhältnis zur Größe des Teilgebietes überproportional vertreten ist. Die rund 200 ha Rebland verteilen sich, ähnlich wie an der Saar, auf Rebinseln an den Südhängen der Berge.

Die Böden aus dunklem Tonschiefer erwärmen sich stark und speichern die Wärme - weltbekannte Lagen im idyllischen Tal. Obwohl der Mündungsort Ruwer des Flusses Ruwer zur Stadt Trier gehört, ist er dörflich. Fährt man von dort die kurvige Straße entlang des Baches Richtung Kasel und Waldrach ist man „gefühlt" weit weg vom Trubel der Stadt, dem Durchgangsverkehr. Einige der legendären Weinschlösser „der Mosel" stehen an der Ruwer, erheben sich über verträumte Wiesen und Wäldchen, intensivieren den Eindruck weltentrückter Idylle.

„Karl Marx` Eltern Heinrich und Henriette hatten in den 20er und 30er Jahren des 19. Jahrhunderts mehrere Parzellen eines Weinbergs in Mertesdorf an der Ruwer erworben. Zur damaligen Zeit war es üblich, dass bürgerliche Trierer Familien einen Weinberg besaßen, den sie für den Eigenbedarf bewirtschaften ließen und als Geldanlage bzw. Altersversorgung betrachteten", sagt Margret Dietzen, Museumspädagogin im Museum Karl-Marx-Haus.

Markus Del Monego berichtet von seiner ersten Begegnung mit Moselwein: „Ich habe in Bad Brückenau gelernt und dort hatten wir Weine von der Ruwer. Mit diesen Weinen habe ich die typische Balance von Süße, Säure, Frucht und Mineralität entdeckt, was mich absolut fasziniert hat."

Sommerau/Ruwer

MONIKA REULE

Geschäftsführerin des Deutschen Weininstituts (DWI), Mainz

Bei der Mosel denke ich an zweitausend Jahre Weinkultur und eine imposante Kulturlandschaft. Hier wachsen einzigartige Weine, die hierzulande und international höchste Wertschätzung genießen.

DR. ROBERT GANZONI

Moselliebhaber, Zernez, Schweiz

Die Mosel? Ein breiter mäandernder Fluss zum Rhein, gesäumt oft von steilen Rebbergen, die von ihrer waldigen Kante in ein romantisches Hügelland übergehen, geschmückt von hübschen, bunten Ortschaften.
Der Wein? Unbeschreiblich gut in seiner aromatischen Frische, seinem einzigartigen Bukett, völlig anders als unsere eher männlich-herben Weine in der Schweiz.

NIKO RECHENBERG

Herausgeber „Gourmetwelten - Das Genussportal", Berlin

Mosel? Das ist Heiligabend mit Forelle blau und einer Flasche verführerischem Riesling!

FRANK-STEFAN MEYER

Vorsitzender Ruwer-Riesling e.V., Waldrach/Ruwer

Fühlen Sie sich als Moselaner?

Meine Wahlheimat, die Ruwer, gehört zur uralten Wein-Kulturlandschaft der Mosel. Insofern fühle ich mich durchaus als (Wahl-)Moselaner. Die einzigartige Landschaft und die lebensfrohe, freundliche Gelassenheit der Menschen in Verbindung mit einem allgegenwärtigen Wein von Weltruhm schaffen eine Lebensqualität, die für mich sonst nirgendwo erreichbar ist.

Warum huldigen Sie dem Ruwer-Wein?

Der Weinbaubereich Ruwer ist sozusagen die kleine Edelboutique im großen Gebiet „Mosel". Durch das etwas kühlere Klima und die damit verbundene längere Reifezeit sind die Rieslinge besonders filigran, besonders leicht und spritzig. Die hohe Bekömmlichkeit und der intensive Geschmack bereiten ein besonderes Trinkerlebnis, das einfach Freude bereitet. Auch als Ausdauersportler musste ich noch nie den Genuss einer oder zweier Flaschen Ruwer-Rieslings am nächsten Tag bereuen.

Was schätzen Sie am Ruwertal?

Im Ruwertal findet man auf engstem Raum steile Weinberge auf der einen und schattenspendende Wälder auf der anderen Seite – und dazwischen die mal gemütlich, mal wild-romantisch dahinfließende Ruwer. Es ist die einzigartige Kombination aus Gemütlichkeit und Vielfalt, aus Heimatgefühl, welches sich hier schnell bildet, und Weltoffenheit, die das Leben hier so lebenswert machen. Die Menschen sind herzlich, immer hilfsbereit und „Friemen" (Fremden) gegenüber aufgeschlossen.

Wenn Sie die Augen schließen und den Begriff „Mosel/Ruwer" hören, was kommt Ihnen in den Sinn?

Riesling, Natur, heitere Gelassenheit, Geborgenheit, Offenheit, tiefe rebenumsäumte Täler, dunkle Wälder, luftige Höhen. Weite.

Wie wünschen Sie sich die Ruwer in 20 Jahren?

Mein sehnlichster Wunsch ist, dass auch bedrohte Lagen weiter bewirtschaftet werden. Denn die Qualitätsdichte ist hier besonders hoch, was man daran sieht, dass auch bei internationalen Wein-Wettbewerben im Verhältnis zur kleinen Anbaufläche überproportional viele Weine hoch bewertet werden. Ich möchte dann so wie jetzt an meinem Schreibtisch sitzen, mit einem Glas Ruwer-Riesling in das rebbewachsene idyllische Tal schauen und an das Ruwertallied des Dichters August Heinrich Hoffmann von Fallersleben denken, der es nach 1843 gedichtet hat. Der Schlusssatz heißt: „Mit frommem Sinn und Gottvertraun, voll Hoffnung in die Zukunft schaun!"

DIE MITTELMOSEL

„Was für ein Steilhang!", sagt die in Berlin lebende Schauspielerin Barbara Philipp über den Ürziger Würzgarten und betont, dass sie einen kostbaren Vorrat an Mosel-Riesling hegt und Kennern gerne davon zu kosten erlaubt - und manche zu Genießern macht.

Wie an einer lässig im Liebesspiel hingeworfenen Perlenschnur reihen sich an der Mittelmosel Weinorte mit langer Geschichte aneinander. Dahinter erheben sich mal sanft, mal wild oder gar schroff ihre Weinberge mit legendären Namen. Als im Quartär das Rheinische Schiefergebirge langsam aufzusteigen begann, entstanden die Mäander – sich regelmäßig abwechselnde Kurven mit Prall- und Gleithängen im Flussverlauf.

Die steilen Hänge fangen die Sonnenstrahlen ein, lassen ein mediterranes Klima entstehen. Dunkler Devonschiefer prägt bis auf wenige Ausnahmen den Boden. „Man schmeckt den Schiefer im Wein, man atmet ihn in der Luft, man riecht ihn nach flüchtigen Regen, wenn die Sonne die porösen Schichten eilig trocknet und das samtene metallene Grau wieder aufblitzt unter den Rebstöcken, als ob die Trauben auch vom Boden noch die zurückgeworfenen Sonnenpfeile aufzusammeln hätten ..." schreibt Rudolf G. Binding in der „Moselfahrt aus Liebeskummer".

Weinkarten erlesener Restaurants im In- und Ausland lesen sich wie ein Auszug aus dem Ortsregister der Mittelmosel. Weinschlösser und Villen am Fluss erzählen von der glanzvollen Vergangenheit - als Moselwein bereits ein wichtiger Exportartikel mit hoher Wertdichte war. Heute sind diese Rieslinge unverschämt jung, weltweit bei Jungen angesagt. Und der Riesling ist untrennbar mit der Mittelmosel verbunden.

Am Fuß weltbekannter Lagen wurden Kelteranlagen aus Römertagen entdeckt. Um das Jahr 371 verfasste Decimus Magnus Ausonius seine „Mosella": „Jetzt eröffn' einen anderen Festzug das Schauspiel der Reben, und erfreue den schweifenden Blick der Gabe des Bacchus: dort wo die krönende Kuppe in langem Zug über'm Steilhang, dort wo Felsen und sonniger Grat in gewundenem Bogen weinstockbesetzt sich erhebt, ein natürlich entstand'nes Theater."

Bernkastel-Kues

Terrassenmosel

DIE TERRASSENMOSEL

Der knapp 100 Flusskilometer lange untere Talabschnitt der Mosel wird als Terrassen- oder Untermosel bezeichnet. Durch das härtere Gestein ist das Tal hier überwiegend eng, mit besonders hohen Flanken. Nicht nur aus den allerhöchsten Terrassen ist der Blick ins Tal atemberaubend. Klettersteige wie im Calmont machen diese Kulturlandschaft schwindelfreien Wanderern mit festem Schuhwerk zugänglich. Prof. Dr. Ruth Fleuchaus, Markus Brock und andere schildern ihre Eindrücke in diesem steilsten Weinberg Europas. Wer einmal in diesen Weinbergen stand, wird dieses Erlebnis nie wieder vergessen und den Wein anders wahrnehmen als zuvor.

In diesen spektakulären Weinbergen wächst überwiegend Riesling. Weinliebhaber sagen, die Weine hätten eine salzig-mineralische Note, bedingt vom härteren Gestein.

Vielleicht ist in keinem anderen Teilgebiet des Flusses der Unterschied zwischen der Mosel und ihrem Umland krasser. Nördlich der Mosel, zwischen Mosel und Rhein, liegt eine Ackerbauregion.

Heinrich Lentz schrieb 1954 im Buch „Heimat zwischen Rhein und Mosel":

„Das Münster auf dem Römerhügel, die festen Höfe an der stillen Dorfstraße ... die gelben Kornfelder, die weit über die Hügel ziehen, die besonnten Apfelbungerte und die dunklen Kreuze allüberall: das ist das Maifeld, altes, fruchtschweres Franken-land. Und unten im blauen Tale geht die Mosel, die den Wein reift unter der hohen südlichen Mittagssonne."

ROLF HAXEL

Weinbau-Ingenieur und Winzer, Präsident des Weinbauverbandes Mosel, Cochem

Was macht die Mosel und ihre Weine einzigartig?

Wir wohnen hier in der schönsten Kulturlandschaft Europas - im Moseltal. Betrachtet man von einer Höhenlage den Fluss, die Weinberge, die Steillagen, die Landschaft mit all ihren Facetten, die Burgen, die Schlösser, aber auch die Winzerhöfe, verwinkelte Gässchen, alte Klosterhöfe, steile Schiefertreppchen - dann muss einem das Herz mit einem lauten Seufzer aufgehen.

Und die Weine? Wir, die Moselaner, sind Weltmeister im Rieslinganbau, besonders in den Steillagen. Hier wachsen frische, fruchtige Weine, gehaltvoll im trockenen, harmonischen Stil, aber auch halbtrockene und liebliche Weine, die nicht von der Säure, sondern von der Mineralität des Devonschiefers geprägt, voller Frucht im typischen Terroirstil sind. Diese Weine haben beste Chancen und brauchen keinen internationalen Vergleich zu fürchten.

Warum wurden Sie Moselwinzer?

Einfache Antwort, der Liebe wegen, und zwar in doppelter Form. Geboren und aufgewachsen bin ich an der Lahn, einem kleinen Nebenfluss des Rheins, in einem kleinen Weinbaubetrieb. Meine Ausbildung begann in Trier, wo ich sowohl die Mosel als auch meine spätere Frau kennen und lieben lernte. Nach dem Abschluss meines Studiums in Geisenheim, kam ich nach Umwegen an die Mosel zurück und kaufte mit meiner Frau ein kleines Weingut in Cochem, ihrem Geburtsort. Mich hatte also der Reiz der Mosel, der Menschen, die dort leben, die einzigartige Weinkultur- und Naturlandschaft Mosel gefangen genommen.

Wann sind Sie es heute besonders gerne?

Wenn ich nach getaner Arbeit mit der Monorackbahn durch den Weinberg bis zur 6. Terrasse hochfahren kann, und dann dort oben in aller Ruhe alleine, mit meiner Familie oder Freunden ein oder zwei Gläser Winzersekt trinken und auf das Geschehen sowohl auf dem Fluss als auch in der Stadt herabschauen kann.

Wenn Sie die Augen schließen und den Begriff „Mosel" hören, was kommt Ihnen in den Sinn?

Abenddämmerung, unsere einzigartige Kulturlandschaft, ein angenehmes Wohlgefühl im Bauch.

Wie wünschen Sie sich die Mosel in 20 Jahren?

Mit genügend Jungwinzern mit Zukunftsperspektiven und Visionen bei gesichertem Einkommen. Eine bessere „In-Wert-Setzung" unserer Produkte, damit Mosel = eine Region - ein Wein - ein Typ wird, bei einem gestärkten Wir-Gefühl.

ULRIKE HÖFKEN

Staatsministerin des Landes Rheinland-Pfalz, Ministerin für Umwelt,
Landwirtschaft, Ernährung, Weinbau und Forsten, Mainz

Als Eifelerin ist Ihnen die Mosel räumlich nah. Sie waren in Berlin im Bundestag und
sind jetzt in Mainz. Hat sich Ihr Bild von der Mosel im Laufe der Jahre verändert?

Die Mosel zählt für mich zu den schönsten Flusslandschaften Europas. Ich schätze an der
Mosel die Landschaft, den Wein, die Kultur und natürlich die Menschen, die in dieser
wunderbaren Gegend leben. Einzigartig ist die 2000-jährige Kulturgeschichte der Region.

Als Ministerin sind Sie für Weinbau und Landwirtschaft zuständig. Vor 50 Jahren
waren Winzer oft auch Bauern. Was hat sich verändert?

Bereits Anfang der sechziger Jahre hat die Spezialisierung von Weinbau und Landwirt-
schaft begonnen. Damals gab es in den Dörfern der Mosel noch vereinzelt Pferde- und
Kuhfuhrwerke. Im Zuge der allgemeinen Spezialisierung konzentrierten sich die
Betriebe dann auf den Weinbau. Die Landwirtschaft verlor in den Dörfern der Mosel an
Bedeutung. Heute konzentrieren sich die Weingüter auf Qualitätserzeugung im In- und
Ausland. Viele Winzerinnen und Winzer sind kreativ, innovativ und vermarkten sehr
erfolgreich ihre Weine, aber auch ihre Tourismusangebote, Dienstleistungen und kulina-
rischen regionalen Produkte. Hier setzt unser Landesprojekt „Weinreich" an, mit dem wir
Rheinland-Pfalz und unsere Weinregionen als weintouristische Ziele profilieren wollen.

Sehen Sie Mentalitätsunterschiede zwischen Bauern und Winzern?

Im Buch „Deutschland und die Moselaner" von Alfons Krisam stellt der Autor sicher
nicht ganz ernst gemeinte Unterschiede zwischen dem Moselaner, dem Eifeler und
dem Hunsrücker schlechthin fest. Ich persönlich freue mich über die Vielfalt der
Regionen mit ihren Menschen und hoffe, dass das jeweilige „Platt" wieder von den
Kindern gesprochen wird. Mir liegt viel daran, dass regionale Produkte und
Essensangebote neue begeisterte Nachfrage finden.

Wenn Sie die Augen schließen und den Begriff „Mosel" hören, was kommt Ihnen in den Sinn?

Ich denke an die wunderschönen Landschaften, wie am Moselsporn oder die Felsen
bei Piesport. Ich denke auch an schöne Radtouren von Bernkastel-Kues nach Koblenz
und an ruhige Stunden mit einem guten Wein und Blick auf das Wasser.

Wie wünschen Sie sich die Mosel in 20 Jahren?

Ich wünsche mir, dass der Ruf des Weins der Mosel einen ähnlichen Stellenwert
einnimmt, wie zu Beginn des zwanzigsten Jahrhunderts. Dann wäre der Weinbau in
Steillagen wirtschaftlich gesichert. Eine intakte Weinlandschaft ist Voraussetzung für
die Weiterentwicklung des Tourismus. Verschiedene Initiativen in der Region greifen
diesen Zusammenhang auf. Ich wünsche, dass sie Erfolg haben.

CHRISTA KLASS

Mitglied des Europa-Parlaments, Monzel

Sind Sie Moselanerin?

Die Mosel ist meine Heimat und mein Lebensmittelpunkt. Ich bin dort geboren und ich lebe dort.

Ist die Europäische Union Glücksfall oder Hemmschuh für den Weinbau an der Mosel?

Der Handel mit Waren findet heute in Zeiten der Globalisierung nicht nur europaweit, sondern weltweit statt. Wir reisen in alle Länder, interessieren uns für andere Kulturen und Lebensweisen und wir nehmen diese Eindrücke auch gerne mit nach Hause. Das Regelwerk der Europäischen Weinmarktordnung stellt die Basis für Wettbewerbsgleichheit in Europa und für die weltweiten Verhandlungen in der OIV, der Internationalen Organisation für Rebe und Wein, dar. Europa bringt dem Moselweinbau internationale Anerkennung.

Sie haben sich in einem Buch mit alten Weinlagennamen an der Mosel beschäftigt. Heute wünschen sich manche junge Winzer wieder kleinere Bezeichnungs-Einheiten. Ändern sich die Wünsche der Weingenießer oder die der Erzeuger?

Unsere Besonderheiten liegen in den Weinlagen, die mit jeder Moselbiegung andere - besondere - Weine hervorbringen. Die neue Europäische Weinmarktordnung bringt die Möglichkeit, diese kleinen besonderen Weinlagen als spezielle Herkunftsangaben registrieren zu lassen, sozusagen wie ein Patent nur für Weine aus dieser Lage, mit diesen speziellen Merkmalen. Sicherlich kann und wird nicht jede Einzellage hier registriert, aber Winzer oder Gruppen haben nun die Möglichkeit, einen solchen Weg zu gehen und sich mit ihrer Lage zu registrieren und sie zu reservieren.

Hat sich die Weinkultur an der Mosel in den vergangenen 20 Jahren verändert?

Ich denke ja. Die Weinkultur prägt unsere Mosel. Sie ist Grundlage und Magnet für den Tourismus. Die Urlaubszahlen steigen, besonders der zusätzliche Kurz- oder Wochenendurlaub. Die Feste und Aktivitäten rund um den Wein sind modern und aufgeschlossen und ziehen vor allem auch die jüngeren Weinfreunde an. Die Weinbetriebe öffnen sich für die Gäste. Die Vermarktung rückt in den Vordergrund.
Die Mechanisierung und die Strukturmaßnahmen wie Flurbereinigungen haben zum Glück auch dem Steillagenweinbau geholfen. Betriebe sind heute um ein Vielfaches größer als vor 20 Jahren.

Wenn Sie die Augen schließen und den Begriff „Mosel" hören, was kommt Ihnen in den Sinn?

Heimat, Weinberge, der Blick vom Monzeler Bergfriedhof ins Moseltal und ein gutes Glas Moselriesling.

Wie wünschen Sie sich die Mosel in 20 Jahren?

Mit aktiven Winzerfamilien, die mit Freude und Begeisterung in einer geschlossenen Weinkulturlandschaft arbeiten und mit freundlichen Touristen, die sich für unsere Weine und unsere Kultur interessieren und gerne an die Mosel kommen, um sich zu entspannen, zu erholen und um den guten Wein zu genießen.

Spiegelung im Sommer

GESCHICHTE DER MOSEL

ANTIKE

100-15 v. Chr.: Die Mosel ist Siedlungsgebiet der Treverer, eines keltischen Stammes. Die treverische Gesellschaft ist hierarchisch gegliedert, die Wirtschaft weit entwickelt

58-51 v. Chr.: Im Gallischen Krieg erobert Gaius Julius Caesar das Treverergebiet für Rom

17. v. Chr.: Mit dem Bau einer Brücke über die Mosel beginnt die erste städtische Besiedlung Triers

69/70 n. Chr.: Die Treverer beteiligen sich an einem Aufstand gegen Rom

275: Germanen fallen räubernd und plündernd in die gallischen Provinzen ein. Kaiser Probus hebt 276-282 die Anbaubeschränkungen für den gallischen/germanischen Wein auf

293: Trier wird Residenzstadt des neu geschaffenen römischen Westreichs

300: Das Bistum Trier wird erstmals bezeugt

312-337: Unter Kaiser Konstantin erlebt die antike Mosel ihre größte Blütezeit

420/421: Erste Einfälle des kriegerischen Germanenstamms der Franken in Trier, nach 479 wird Trier fränkisch

MITTELALTER

6. Jh.: Das Christentum wird schrittweise am Mosellauf etabliert

7./8. Jh.: Gründung bedeutender Klöster und Stifte

882: Normanneneinfall

12. Jh.: Erste Welle von Burgengründungen auf hochgelegenen Plätzen über dem Tal oder flussnah in Seitentälern : Arras, Cochem, Ehrenburg b.Brodenbach, Eltz, Kobern, Pfalzel, Thurandt, Treis, Veldenz

12./13.Jh.: Entwicklung früher Formen kommunaler Selbstverwaltung

| 1307-1354: | Erzbischof Balduin von Trier, Sohn der Luxemburger Grafenfamilie, intensiviert die weltliche Herrschaft der Trierer Erzbischöfe |

NEUZEIT

1500:	Die Reformation wird in der Bevölkerung des Trierer Bistums diskutiert, die Position der katholischen Kirche bleibt jedoch unangefochten
1559:	Der aus Trier stammende Reformator Caspar Olevian predigt in der Kirche des Bürgerhospitals St. Jakob und gewinnt ca. ein Drittel der Trierer Bevölkerung für die neue Konfession
1689:	Zerstörung fast aller Höhenburgen im Feldzug des französischen „Sonnenkönigs" Ludwig XIV
1794:	Französische Revolutionstruppen erobern das Kurfürstentum Trier
1802:	Die linksrheinischen Departements werden mit Frankreich gleichgestellt. Die Mosel ist nun ein Teil Frankreichs
1815/1817:	Nach der Niederlage Napoleons wird auf dem Wiener Kongress die Mosel zum Königreich Preußen geschlagen. Luxemburg wird als Großherzogtum Bestandteil des Vereinigten Königreichs der Niederlande
1828-1857:	Die Moselwinzer leiden bittere Not
1867/1890:	Unabhängigkeit Luxemburgs
1871 bis 1918:	Der deutsche Mosellauf gehört wieder zum Reich. Moselwein ist „en vogue"
1925:	Steuerbelastung und schlechte Absatzlage führen Winzer in die Armut
1940:	Deutsche Wehrmacht besetzt Luxemburg
1944:	Luxemburg wird von den alliierten Truppen befreit
1945:	US-amerikanische Truppen befreien die Mosel vom Nationalsozialismus
1956:	Deutschland, Frankreich und Luxemburg schließen einen Vertrag über die Schiffbarmachung der Mosel. Die Großschifffahrtstraße Mosel wird 1964 eingeweiht
1985:	Schengener Abkommen

Rekonstruierte Römische Kelteranlage, Erden

Römisches Weinschiff, Neumagen-Dhron

DR. KARL-JOSEF GILLES

Historiker, Rheinisches Landesmuseum, Trier

Sie sind Winzersohn und Historiker. Auf Ihr Wirken ist die Entdeckung und Rekonstruierung vieler Kelteranlagen an der Mosel aus römischer Zeit zurückzuführen. Wie viele Kelteranlagen wurden an der Mosel entdeckt?

Bisher wurden an der Mosel zwölf römische Kelteranlagen nachgewiesen, von denen elf unter meiner Leitung untersucht wurden: Maring-Noviand (1977), Piesport (1985/86), Brauneberg, westliches und östliches Kelterhaus (1990/91), Lösnich (1990), Piesport-Müstert (1992), Erden, westliches Kelterhaus (1992/93), Graach (1995), Erden, östliches Kelterhaus (1998), Wolf (2000), (Zeltingen-) Rachtig (2003) und Lieser (2005). Daneben liefern noch unterschiedliche Anhaltspunkte (Keltersteine, nicht näher untersuchte Becken und Fundstreuungen in vergleichbaren Lagen) Hinweise auf weitere, bisher unerkannte Kelterhäuser.

Welche Kelteranlagen wurden rekonstruiert?

Rekonstruiert wurden oder werden die Anlagen von Maring-Noviand, Piesport, Brauneberg (östliches Kelterhaus), Erden (westliches und östliches Kelterhaus). In Wolf und (Zeltingen-) Rachtig (2003) wurden die angetroffenen Mauerreste konserviert.

Die Römer brachten den Weinanbau in viele Regionen Europas. Können Sie „gemeinsame Wurzeln" in verschiedenen Weinbauregionen entdecken?

Gewisse Übereinstimmungen zeigen sich bei der Reberziehung, der Weinbereitung wie der Kellertechnik, die zweifelsohne auf gemeinsame römerzeitliche „Wurzeln" zurückgreifen.

Wo zeigen sich diese gemeinsamen römerzeitlichen „Wurzeln"?

Ich kann das nur nach den Überresten der bekannten Kelteranlagen beurteilen. Diese sind vom Aufbau in Spanien, Südfrankreich oder Italien - von regionalen Varianten abgesehen - sehr ähnlich. Im übrigen Mittelmeerraum wurden kaum Kelteranlagen untersucht. Vom Forschungsstand haben wir an der Mosel eine Vorbildfunktion.

Weiß man, wann in welchen Weinbauregionen mit dem Weinbau durch „römische Entwicklungshilfe" begonnen wurde?

Die Römer erhielten zunächst selbst „Entwicklungshilfe" aus Ägypten!
In Deutschland dürfte der Weinbau um 200 n.Chr. an der Mosel, danach erst in der Pfalz eingesetzt haben. Die übrigen deutschen Weinbaugebiete gehörten nach 260, also nach dem Fall des obergermanisch - raetischen Limes, nicht mehr zum römischen Imperium und kommen daher in römischer Zeit für Rebpflanzungen

nicht in Frage. Für die Ahr sind die Überlieferungen widersprüchlich. Eindeutige archäologische Belege liegen bisher nicht vor. Auch das Rheintal scheidet für die Zeit der 1. Hälfte des 3. Jahrhunderts aus, da sich damals die Germaneneinfälle ins links-rheinische Gebiet häuften. Für Andernach werden jedoch von Venantius Fortunatus (588 n.Chr., „De navigio suo"), der offenbar auch den Bremmer Calmont erwähnte, Weinberge beschrieben: „Stehn auf Hügel dahier in geräumigen Reihen die Reben" (vgl. Buch „Bacchus und Sucellus").

Welche Entdeckung aus Römertagen an der Mosel war für Sie die Aufregendste?

Die Entdeckung des größten bis dahin bekannten römischen Goldschatzes im Jahre 1993 in Trier, der mehr als 2600 Aurei der Kaiser Nero (54-68) bis Septimius Severus (193-211) umfasste.

Weiß man wie die hiesigen Weine damals schmeckten? Gibt es Aufzeichnungen über die Trinkgewohnheiten an der Mosel?

Die antiken Schriftquellen beziehen sich vornehmlich auf Italien und den Mittel-meerraum. Offenbar mochte man weniger die jungen Weine und versuchte sie daher vorzeitig zu altern, indem man sie in speziellen Kammern (fumaria) dem Rauch aussetzte. Außerdem entzog man mit Kalk, der in verschiedenen Kelterhäusern angetroffen wurde, den Weinen die Säure und machte sie damit schmackhafter. Zudem wurden den Weinen häufiger auch Gewürze zugesetzt, die mit Hilfe eines aus Kelle und Sieb bestehenden Gefäßpaares abgeschöpft werden konnten.
Beliebte Trinkgefäße in merowingischer Zeit waren der Sturzbecher und der etwas gedrungenere Tummler, die keinen Standboden besaßen und daher vom Zecher nie ungeleert abgestellt werden konnten.

Gibt es Hinweise darauf, dass Moselwein in andere Regionen des Imperium Romanum versandt wurde oder wurden Weine aus anderen Regionen hierher gebracht?

Bis in die Mitte des 3. Jahrhunderts n. Chr. wurde der Wein vorwiegend aus dem Mittelmeerraum in Amphoren importiert. Erst danach, als die Rebflächen im Moseltal erheblich erweitert wurden, konnte Wein in Holzfässern in andere Regionen gebracht werden. Da die großen Kelterhäuser offenbar von staatlicher Seite betrieben wurden, ist vor allem an eine Versorgung des Militärs zu denken, da den Soldaten in der Spätantike auf Kriegszügen an jedem zweiten Tag eine bestimmte Weinration zustand.

Gibt es Untersuchungen darüber, welche Rebsorten in Römertagen angebaut wurden?

Da literarische Quellen vollkommen fehlen, erlaubt lediglich das bei den Grabungen zutage gekommene archäobotanische Material bescheidene Rückschlüsse. Danach wurde primär Weiß-, seltener auch Rotwein angebaut. Die Rebsorten lassen sich derzeit nicht näher bestimmen. Aufgrund der Formen der Traubenkerne handelt es sich offenbar um Übergangsformen zwischen Wild- und Kulturreben.

Es gibt die Theorie, dass an der Mosel schon Reben kultiviert wurden, ehe die Römer hierher kamen. Stimmen Sie ihr zu?

Nein keineswegs! Das ist eine alte Mär. Für den Anbau von Reben oder gar eine Weinproduktion in keltischer Zeit fehlen archäologische Anhaltspunkte. Sicher ist aufgrund verschiedener Funde nur, dass die Kelten Wein genossen haben, der allerdings importiert worden sein sollte.

Was heißt das, dass die archäologischen Anhaltspunkte fehlen?

Wie will ich z.B. eine Holzkelter nachweisen? Organisches Material, das jene belegen könnte, erhält sich in der Regel nicht. Auch sind keine Traubenkerne - anders als bei römischen Kelteranlagen - erhalten. Zudem müssten antike Schriftquellen, die die Kelten näher beschreiben, irgendwo einmal Bezug darauf nehmen.

Wer hat nach den Römern den Weinanbau an der Mosel am stärksten geprägt?

Die Klöster und Kirchengüter des Mittelalters, die spätestens seit dem 10. Jahrhundert im Besitz der besten Weinberge des Moseltals waren, sowie aufgrund ihrer Erfahrungen die Weinbereitung verbesserten und durch den von den Römern übernommenen Terrassenbau zu einer Qualitätssteigerung beitrugen.

Da die meisten Weinberge bis ins ausgehende 18. Jahrhundert von Klöstern, Kirchen und Adel als Lehnswingerte in Halb- oder Drittelpacht vergeben waren, waren die Pächter primär an einer großen Ernte, weniger an der Qualität interessiert. Per Edikt verordnete der letzte Trierer Kurfürst Clemens Wenzeslaus (1768-1794) am 30.10.1787 die „schlechten" Rebsorten (z.B. Kleinberger u.ä.) im Laufe von sieben Jahren auszurotten. Damit sollten größere Ernteausfälle vermieden werden. Die konsequente Umsetzung der Verordnung scheiterte aber an der Besetzung des Trierer Kurstaates durch die französischen Revolutionstruppen. Erst unter dem Druck einer weiteren Absatzkrise nach 1830 sollte der Riesling zur dominierenden Rebsorte im Moseltal werden.

Wenn Sie die Augen schließen und den Begriff „Mosel" hören, was kommt Ihnen in den Sinn?

Romantischer Fluss in schöner Landschaft mit vielen interessanten Burgen, romanischen und gotischen Kirchen und ausgedehnten Adelshöfen; Dörfer mit schmalen verwinkelten Gassen, flankiert von spielerisch verzierten Fachwerkhäusern aus mehreren Jahrhunderten.

Wie wünschen Sie sich die Mosel in 20 Jahren?

Keine gravierenden Veränderungen der Landschaft (mit der Kanalisation der Mosel erfolgten schon erste grundlegende Eingriffe). Erhalt der Kulturlandschaft Mosel, so wie sie ist. Bescheidene Flurbereinigungen, die das charakteristische Landschaftsbild mit ihren vielen markanten Felsköpfen nicht verändern.

MOSELLA

Das Mosellied von Ausonius

Um das Jahr 371 verfasste Decimus Magnus Ausonius († 393 in Bordeaux) seine „Mosella". Wohl im Auftrage Kaiser Valentinians I. (364-375 n. Chr.) sollte er in Hexametern die in den Jahren zuvor von Bürgerkrieg heimgesuchte und von germanischen Völkern bedrängte Region als blühende Landschaft schildern. Der um 310 n. Chr. in Bordeaux geborene Dichter war als Erzieher des Thronfolgers Gratian (367-383 n. Chr.) nach Trier gekommen. Sein 483 Verse umfassendes Gedicht nimmt an mehreren Stellen Bezug auf den damaligen Weinbau an der Mosel.

Inducant aliam spectacula vitea pompam
Jetzt eröffn' einen anderen Festzug das Schauspiel der Reben,
Sollicitentque vagos Baccheia munera visus,
und erfreue den schweifenden Blick der Gabe des Bacchus:
Qua sublimis apex longo super ardua tractu
dort wo die krönende Kuppe in langem Zug über'm Steilhang,
Et rupes et aprica iugi flexusque sinusque
dort wo Felsen und sonniger Grat in gewundenem Bogen
Vitibus assurgunt naturalique theatro.
weinstockbesetzt sich erhebt, ein natürlich entstand'nes Theater.
Sic mea flaventem pingunt vineta Garunnam:
So auch malt sich die Rebe daheim an der gold'nen Garonne:
Summis quippe iugis tendentis in ultima clivi
Denn hoch wächst auf den Jochen der himmelsanstrebenden Berge
Conseritur viridi fluvialis margo Lyaeo.
Längs des Gestades das Grün des sorgenbezwingenden Weinstocks.
Laeta operum plebes festinantesque coloni
Arbeitsfreudiges Volk und emsig beschäftigte Winzer.
Vertice nunc summo properant, nunc deiuge dorso,
Tummeln sich bald auf den Höh'n, bald eilen ins Tal sie hinunter,
Certantes stolidis clamoribus, inde viator
Gröhlen dabei um die Wette wie närrisch; aber der Wand'rer
Riparum subiecta terens, hinc navita labens
Der da des Wegs auf dem Leinpfad zieht, und der Schiffer im Kahne
Probra canunt seris cultoribus: adstrepit ollis
Höhnen mit Kuckucksruf den verspäteten Winzern: zurückschallt's
Et rupes et silva tremens et concavus amnis.
Wieder vom Fels, vom hallenden Wald und der Mulde des Flusses.

aus: Dr. Karl-Josef Gilles, Bacchus und Sucellus. Rhein-Mosel-Verlag, Briedel, 1999

Blick vom Erdener Prälat

DR. DANIEL DECKERS

Frankfurter Allgemeine Zeitung, Theologe, Redakteur, Weinhistoriker

Sehen Sie an der Mosel eine besonders enge Verbindung von Kirche und Wein?

Es ist die Eigentümlichkeit des Moselweinbaus, dass er hier über Jahrhunderte hinweg fast die einzige Erwerbsmöglichkeit darstellte. Ackerbau oder Viehzucht waren in dem engen Tal nur an wenigen Orten möglich. Die Symbiose aus Lebenswelt und Erwerbswelt war sonst nur im Rheingau ähnlich eng. An der Mosel zeigt sich diese außergewöhnlich enge Verbindung konfessionsübergreifend.

Denn Wein war schon im Mittelalter die Handelsware schlechthin, etwa die der Hanse. Wer guten Wein hatte - das war vor allem die Geistlichkeit einschließlich der Klöster sowie der Adel - hatte gute Aussichten, Geld zu verdienen. Der Wein war wie eine Visitenkarte. Und so hatte es auch das ursprünglich im Hunsrück angesiedelte Geschlecht der Grafen von Sponheim auf den Moselwein abgesehen. Als im Jahr 1557 die Reformation in der Niederen Grafschaft Sponheim eingeführt wurde, entstanden im „schwarzen" Kurtrier evangelische Enklaven wie Trarbach, Winningen oder Veldenz. Sie haben bis heute ihre Eigenart bewahrt.

Welche Effekte hatte die Französische Revolution auf den Weinanbau an der Mosel?

Die Französische Revolution veränderte alles im linksrheinischen Territorium.

Als 1794 französische Revolutionsheere den Trierer Kurstaat auflösten, verloren Klöster, Kurfürsten und später auch der Adel ihre Besitztümer. Doch in Trier geschah etwas Einmaliges: Napoleon erstattete dem Bischof von Trier einen Teil seiner Besitzungen zurück. Dom, Priesterseminar und Konvikt sollten sich weiterhin aus den Erträgen des Weinbaus selbst finanzieren können.

Ansonsten versteigerte der französische Fiskus vormals kirchlichen und adeligen Besitz. Wohlhabende örtliche Notabeln und Kaufleute, aber auch Spekulanten, versuchten, an gute Weinberge zu kommen. Doch es folgte bis zur Mitte des 19. Jahrhunderts eine sehr wechselhafte Zeit. Auf die ersten Boomjahre nach der Bildung der preußischen Rheinprovinz folgten, auch klimatisch bedingt, Jahre der Winzernot. Mosel, Eifel und Hunsrück wurden zu Auswandererregionen. Ab den 1860er Jahren begünstigten dann herausragende Jahrgänge den Aufschwung des Weinbaus an Mosel, Saar und Ruwer. Erst jetzt setzte sich auch der Riesling so durch, wie es sich schon der letzte Trierer Kurfürst, Clemens Wenzeslaus von Sachsen, im Jahr 1787 vorgestellt hatte, als er verordnete, die schlechten durch gute Reben zu ersetzen.

Welche Epoche in der fast zwei Jahrtausende umfassenden Geschichte des Moselweinbaus war nach Ihrer Einschätzung besonders prägend?

Die Kaiserzeit. Der „Moment de gloire" begann mit dem Deutsch-Französischen Krieg 1870/71. Preußische Truppen machten auf dem Rückweg in die Heimat

Bekanntschaft mit dem für sie neuen Wein. Die Annexion Elsass-Lothringens machte es erforderlich, den bislang randständigen Westen der preußischen Rheinprovinz, wenn schon nicht mit Industrie, so doch militärstrategisch zu erschließen: Zwischen 1875 und 1879 ließ die königlich-preußische Regierung die Eisenbahnlinie Koblenz-Trier-Metz erbauen. Über die sogenannte „Kanonenbahn" konnten die Moselweine in den prosperierenden Norden und Osten des Reiches transportiert werden und dort den Rheinweinen Konkurrenz machen. Über die Mosel war das nicht möglich gewesen. Der Fluss war bestenfalls drei Monate im Jahr schiffbar gewesen.

So wie bereits der 1811er die Wiedergeburt Deutschlands während und nach den Befreiungskriegen symbolisierte, so waren die auf den Krieg 1870/1871 folgenden Jahre von Aufbruchsstimmung ohnegleichen geprägt. Moselwein wurde Modewein, denn er verkörperte stilistisch den Geist der Zeit. Der leichte, flüchtige, bukettreiche Riesling symbolisierte gewissermaßen den Aufbruch in die Welt. Das Leben fühlte sich ungeheuer leicht an, und der Moselwein spiegelte diese Leichtigkeit, diesen Glanz wider, den Aufbruch in eine völlig neue Zeit.

In Ihrem Buch „Im Zeichen des Traubenadlers - Eine Geschichte des deutschen Weins" gehen Sie insbesondere auf die jüngere Geschichte des Weinbaus und -handels in Deutschland ein. Die Weine von der Mosel und ihren Nebenflüssen standen um die Jahrhundertwende 19./20. Jahrhundert in erlesenen Restaurants hochpreisig neben anderen weltbekannten Weinen. Sind Sie bei Ihren Recherchen auf besonders spannende Weinkarten gestoßen?

Jede historische Weinkarte ist für sich spannend, besonders spannend sind aber Vergleiche von Weinkarten ein und derselben Lokalität. Sie lassen erkennen, wie sich der Weinmarkt veränderte, wer wann welchen Wein wie wertschätzte. Sehr aufschlussreich sind beispielsweise die Karten des Wiesbadener Kurhauses, die von 1900 bis in die 1930er Jahre erhalten sind.

Dem Buch „Blühers Rechtschreibung der Speisen und Getränke" (Leipzig, 1908) zufolge gab es vor gut einem Jahrhundert in New York, Kairo, Palermo, Paris, Königsberg, London und Berlin international ausgestattete Weinkarten. Wie kam es, dass damals Internationalität so „en vogue" war?

Das ausgehende 19. Jahrhundert war eine erste Hochzeit der Globalisierung. Die großen Weltausstellungen, etwa die der Jahre 1867 oder 1900 in Paris, zeigten was die Industrialisierung und die Kunst weltweit hervorbrachten, neue Bahnstrecken und Schiffslinien ermöglichten es immer mehr Gesellschaftsschichten zu reisen. Es herrschte Aufbruchsstimmung.

Die Mainzer Weinhandlung Sichel etwa hatte nicht nur Niederlassungen in Bordeaux, London und New York, sondern sandte in jedem Jahr Wein per Schiff nach Brasilien, Argentinien und Chile – die deutschen Auswanderer schätzten Wein aus der Heimat. Und nicht nur ihn: Die Deutsche Landwirtschafts-Gesellschaft e.V. (DLG) begann nach der 5. DLG-Ausstellung 1891 in Bremen mit einem Wettbewerb für „Dauerwaren für Ausfuhr und Schiffsbedarf". Lebensmittel deutschen Ursprungs wurden

in einer viermonatigen Schiffsreise über den Äquator nach Australien bzw. nach Süd-
amerika und zurück versandt, um deren Haltbarkeit auf die Probe zu stellen. Auch
in den Offizierskasinos der Briten in Indien und Australien war der tropentaugliche
Moselwein gefragt.

*Die Jugendstil-Villen in Traben-Trarbach, Bauten wie das Schloss Lieser und die
Weinschlösser an der Saar zeugen von diesen für Weinhändler und Winzer wirtschaftlich
besonders erfolgreichen Zeiten. Welche Hauptgründe sehen Sie für den damaligen
Erfolg?*

Die schon angesprochenen Weltausstellungen, auf denen der Moselwein internationale
Auszeichungen erhielt, der „Moment de gloire", die verkehrstechnische Anbindung
und das Lebensgefühl jener Zeit sorgten für die rege Nachfrage nach Moselriesling
und ermöglichten somit den wirtschaftlichen Aufschwung der Mosel.

Wenn Sie die Augen schließen und den Begriff „Mosel" hören, was kommt Ihnen in den Sinn?

Dann sehe ich das, was ich auch mit offenen Augen sehe: In meinem Büro hängen ein
Plakat mit dem „Piesporter Goldtröpfchen" und die Weinbaukarte des Regierungs-
bezirks Koblenz von 1898.

Wie wünschen Sie sich die Mosel in 20 Jahren?

Dass die Weinqualität bleibt wie sie ist und dass sich Mosel, Saar und Ruwer
zunehmend als eine Gemeinschaft verstehen. Und ich wünsche mir, dass das bis in
die Antike zurückreichende moselane Erbe mehr geschätzt und auch zelebriert wird.
In Trier müsste es wieder ein Weinbaumuseum geben und noch mehr Vinotheken, in
denen man die Weine der gesamten Region entdecken kann.

Jugendstilmalerei, Hotel Bellevue, Traben-Trarbach

DR. INGEBORG SCHOLZ

Kulturwissenschaftlerin, Büro für regionale Geschichte, Moselkern

In Ihrem Buch „Museen der Großregion" (Editions Guy Binsfeld, Luxembourg) stellen Sie rund 250 Museen in Rheinland-Pfalz, Saarland, Lothringen, Luxemburg und der Wallonie vor. Ist Ihnen dabei oder bei Ihrer Recherche für den DUMONT Reiseführer „Mosel" etwas aufgefallen, das „typisch Mosel" ist?

Es gibt ein paar ganz prägnante Besonderheiten – das antike Erbe, die Rieslingkultur, den Steillagenweinbau und sprachliche Eigenheiten – diese Elemente machen die Mosellandschaft wirklich besonders, heben sie auch von anderen deutschen Weinbaulandschaften ab. Lediglich das Mittelrheintal ist hier noch ansatzweise vergleichbar. Allerdings hat das Mittelrheintal keine antike Metropole wie Trier aufzuweisen. Der Rhein war Grenzgebiet zu Germanien, eher militärisch geprägt. Trier war ein Zentrum für Lebensart!

Welche sprachlichen Besonderheiten fanden und finden sich an der Mosel?

Wir haben hier sog. Reliktwörter aus dem Moselromanischen. Das sind „übriggebliebene" Wörter aus einer alten romanischen Sprache, die sich aus dem Latein entwickelt hat und an der Mosel bis zum Frühmittelalter gesprochen wurde. Bis heute gibt es im Dialekt und in den Flurnamen romanische Wörter, z. B. Kennel für die Dachrinne, von canalis, Kanal. Oder den Flurnamen Fontanel, von fontanella, kleine Quelle. Zwar gibt es solche Wörter auch im gesamten Rheinland, aber an der Mosel konzentrieren sie sich in einzigartiger Dichte.

Seit wann gibt es an der Mosel Lagennamen?

Lagennamen sind aus Flurnamen erwachsen, also den alten bäuerlichen Bezeichnungen für das bebaute und unbebaute Land. Diese Namen spiegeln die Landschaftsgestalt wider, bestimmte Eigenschaften wie die Fruchtbarkeit oder die Besitzverhältnisse. Zu „Lagennamen" wurden sie dann im Kontext der Weinvermarktung, insbesondere der Flaschenabfüllung. Die Menschen wussten natürlich schon immer, dass nicht überall gleich guter Wein wächst! Die Vermarktung bestimmter Lagen kam an der Mosel im 19. Jahrhundert in Gang. Im Zuge der Vermarktung wurden dann auch Lagennamen „dazuerfunden". Aus einem Kompositum von Flurnamen, Anekdötchen und Marketingstrategien entstanden die Lagennamen, die dann auch von der Kataster- und Weinbauverwaltung übernommen wurden. Mit der Festschreibung in Aktenwerken waren sie dann quasi zementiert, bis 1971 eine bis heute viel diskutierte Reform das Bild noch einmal veränderte.

Seit wann gibt es an der Mosel Weinetiketten?

Lagennamen und Weinetiketten hängen historisch gesehen eng zusammen, wobei der Lagename etwas älter ist und schon in der Fassvermarktung eine Rolle spielte. Das

Etikett kam mit der Weinflasche und die wurde nach 1800 gebräuchlich. Der Rheingau datiert hier chronologisch vor der Mosel.

In Traben-Trarbach überrascht eine ungeheure Dichte von Jugendstil-Bauten und zeugt vom Reichtum der Weinhandelsstadt. Was wollte diese Kunstrichtung aussagen?

Der Jugendstil entstand als Gegenbewegung zum Kunstverständnis der Industrialisierung und des Historismus. Bereits zum Ende des 19. Jahrhunderts war der Markt von seelenlosen, verkitschten Massenprodukten beherrscht. Dagegen setzten die Jugendstilkünstler auf Handwerklichkeit. Und sie brachen die stilistische Enge des Historismus auf. Der hatte sich in eine starre Kunstsprache verrannt, in der je nach Aussagewert zwischen wiederbelebten Kunststilen vergangener Jahrhunderte ausgewählt wurde – das Entrée wurde neogotisch, der Salon in Neorenaissance gestaltet. Die Jugendstilkünstler erfanden endlich wieder neue Formen, die eine naturverbundene Leichtigkeit ausdrückten!
In mehrfacher Hinsicht kann diese Kunst auch die Moselwinzer von heute inspirieren: im handwerklichen Arbeiten als Gegenentwurf zur Massenproduktion, in der Suche nach individuellen Ausdrucksformen, statt vorkonfektionierten Strategien im „Produktdesign" zu folgen.

Wenn Sie die Augen schließen und den Begriff „Mosel" hören, was kommt Ihnen in den Sinn?

Glühende Mittagshitze auf Felsrippen, warme Sommerabende, an denen ein blaues Licht im Tal liegt und die Frösche quaken. Ich denke an die Binnenschiffe, die Tag und Nacht, sommers wie winters auf dem Wasser unterwegs sind, und höre die gemütlich tuckernden Dieselmotoren. Ich schmecke den mineralischen, kühlen, halbtrockenen Riesling auf der Zunge und höre die jungen und alten Frauen im Dorf miteinander Schwätzchen halten.

Wie wünschen Sie sich die Mosel in 20 Jahren?

Ich wünsche mir eine Mosel, die aus ihren ureigenen Ressourcen wirtschaftet. Ich denke, dass wir eine Renaissance des Landlebens sehen werden, die mit der verlogenen „Landlust-Romantik" gar nichts zu tun hat, sondern aus der Not eines weltweiten Runs auf die Rohstoffe heraus diktiert wird. Wenn Chinesen und Inder unseren Lebensstandard erreicht haben, müssen wir Abstriche machen! Weinbau und Tourismus werden also noch wichtiger, aber auch die alte Verzahnung des Weinbaus im Tal mit Ackerbau und Viehhaltung in der Eifel und auf dem Hunsrück. Erneuerbare Energien werden zunehmend zum Wirtschaftsfaktor, ebenso Gartenbau, Imkerei, Forstwirtschaft ... Wir werden eine immer intensivere Landnutzung erleben, die am Ende vielleicht auch wieder die Rückzugsräume für die Tier- und Pflanzenwelt unter Druck bringt, wie es in der Frühen Neuzeit der Fall war.
Ich wünsche mir eine Mosel, die nicht nur von Niederländern und Briten besucht wird, sondern auch von Weinliebhabern und Fans des „Good old Germany" aus Indien, China und Brasilien. Am wichtigsten ist mir, dass wir keine Angst vor diesen Veränderungen haben, sondern sie als Chance auf ein besseres Leben begreifen!

PROF. DR. RALPH JÄTZOLD

Geograf, Trier

Gibt es Merkmale der Region „Mosel", die die heutigen Grenzen überschreiten?

Die luxemburgische Seite der Mosel unterscheidet sich weder landschaftlich, klimatisch noch geologisch von der deutschen Seite der Obermosel, die sich neuerdings „Südliche Weinmosel" nennt. Der Muschelkalk bestimmt die Landschaft und den Boden. Ab Sierck-les-Bains flussaufwärts wird das Moseltal breiter, der Boden verändert sich. Hier findet man weiche Keuperschichten.

Die „Mosella Romana" ist an der Südlichen Weinmosel und auch in Dörfern wie Mehring oder Longuich erkennbar: stumpfwinklige Hohlziegeldächer herrschten hier einst vor - wohingegen das strohgedeckte germanische Dach spitzwinklig war und auf den später von den Franken besiedelten Höhen von Eifel und Hunsrück vorherrschte. Auch ab Bernkastel-Kues flussabwärts sind mehr spitzwinklige Häuser zu beobachten: Dort entstanden besonders viele Burgen der germanischen Adelsschicht mit entsprechendem Einfluss auf die Dörfer.

In vielen Moselorten der Mosella Romana steht die Kirche außerhalb des alten Ortskernes, weil die Dörfer schon vor der Christianisierung existierten, die an der Mosel gleichwohl sehr früh begann.

Etwas provokant könnte man auch sagen: Die südfranzösische Landschaft beginnt bei Nittel. Wenn man an einem Frühlingsmorgen dort am Talrand steht, ist man geneigt zu sagen: das ist der nördlichste Ausläufer des Südens: geprägt von diesem sich rasch erwärmenden, schnell trocknenden Kalkboden, Liguster wächst dort und Buchsbaum. Und die Friedhöfe verändern sich. Der romanische Friedhof geht auf die römische Nekropole zurück, man findet dort beispielsweise häufiger Grabplatten. Im Sprachraum der Mosella Romana, etwa auf dem Plateau bei Kastel-Staadt, sind die Friedhöfe durch mehr Steinarbeiten charakterisiert als außerhalb.

Was ist die Mosella Romana?

Nach der Eroberung des Moseltals um 480 durch die Franken blieben in dem damaligen Hauptweingebiet zwischen Sierck und Ürzig viele römisch sprechende Menschen weiter wohnen. Vulgärlatein wurde dort bis ca. 1200 gesprochen.

Welche Epoche hat die Mosel besonders nachhaltig geprägt?

Das ist nicht einfach zu beantworten. Vielleicht war es die Wilhelminische Zeit (1871 – 1914). Es war eine große Zeit für den Moselwein. Er wurde in den Offizierskasinos getrunken, und die Bürgerlichen übernahmen diesen Genuss-Stil. Moselwein war „en vogue". Damals entstanden viele Weinschlösser wie Schloss Lieser an der Mosel. Es war auch chic hier zu wohnen oder Urlaub zu machen. Die Uferpromenaden in Kues oder Traben kann man als Moselriviera bezeichnen mit ihren Hotels und Villen.

Hat der Weinanbau einen grenzüberschreitenden Austausch gefördert?

Heute sind die Winzer erfreulich offen. Mir wurde vor einigen Jahren in Australien in einem Fischrestaurant „Rhein-" oder „Moselstylewein" offeriert. Nicht, dass es hier gewachsener Wein gewesen wäre! Sie haben ihn in diesem Stil ausgebaut, was sicher auch auf die sehr gute Ausbildung des Winzernachwuchses hier zurückzuführen ist. Praktikanten und Studenten aus der ganzen Welt kommen hierher zum Lernen. Unser Wein ist etwas, das man andernorts zu kopieren versucht.

Wenn Sie die Augen schließen und den Begriff „Mosel" hören, was kommt Ihnen in den Sinn?

Es sind mehrere Bilder: vielleicht die des englischen Malers Turner (1775 – 1851), dessen Bilder auch die damalige Reiselust der Briten auf Rhein und Mosel zeigen. Und mich fasziniert immer wieder dieser erste Blick ins Tal nach einer längeren Abwesenheit, wenn ich früher z.B. beruflich in Afrika war: der erste Blick auf dieses schöne Tal mit diesen schönen Rebhängen!
Ich bin also sehr dankbar, dass ich einst an die Universität von Trier berufen wurde.

Wie wünschen Sie sich die Mosel in 20 Jahren?

Ich hoffe, dass der Klimawandel die Steillagen nicht verschwinden lässt. Die zarte Duftigkeit der Moselweine bedingt ihre Vorzüglichkeit. Sie entsteht durch das gemäßigte Klima. Die klimatisch vielleicht etwas benachteiligten Nebenlagen bringen derzeit in besonders guten Jahren die besten Weine hervor, weil es dann dort etwas kühler ist und die Reben eine bessere Wasserversorgung haben. Klimaexperten rechnen damit, dass sich bis zum Jahr 2050 die Höhengrenzen um 400 Meter nach oben verschieben werden.

Schlosss Lieser

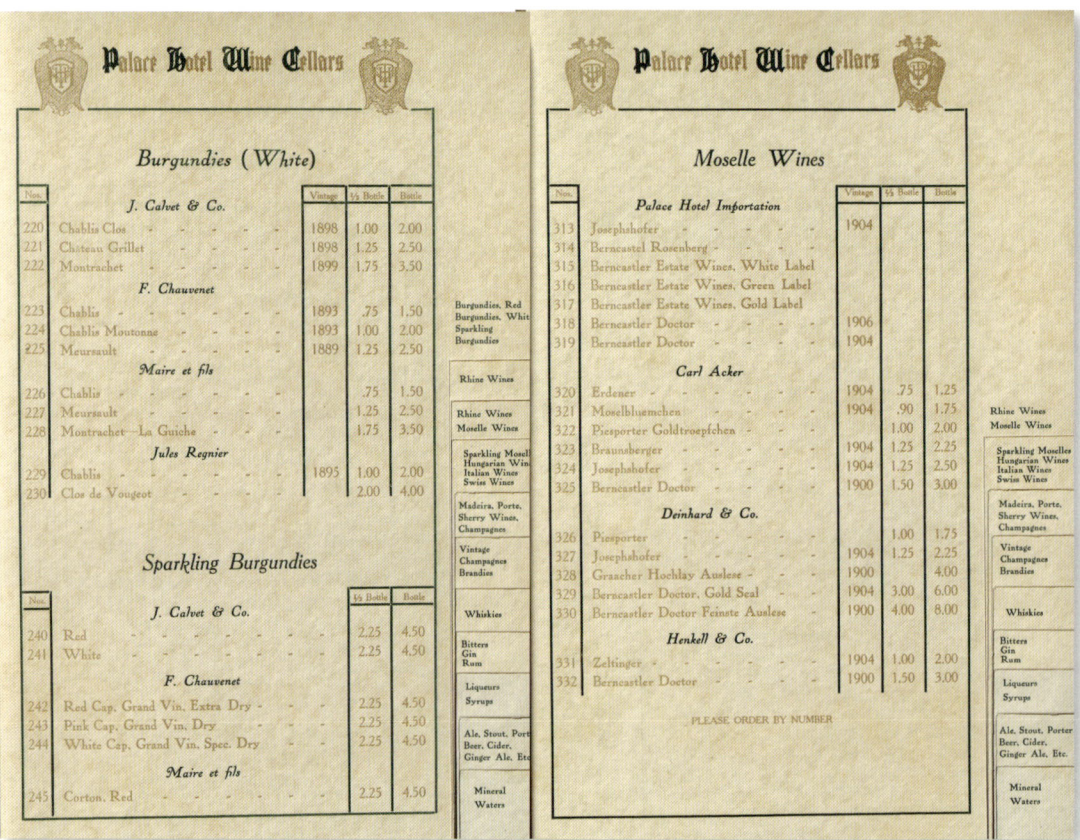

Weinkarte des Palace-Hotels, London, 1907

Abdruck mit freundlicher Genehmigung des Sammlers und Besitzers Manfred Rauscher, Wuppertal. (Weitere Abdrucke historischer Karten finden sich z.B. in „Moselwein zur Blütezeit", Europäische Akademie für Wein und Kultur e.V., zu beziehen über Moselwein e.V., Trier)

DR. STEPHAN REUTER

Leiter Weinbauamt Wittlich, Landwirtschaftskammer Rheinland-Pfalz

Das Projekt „Terroir Moselle" spiegelt für mich das Leben und die Landschaft in unserem europäischen Mosel-Weinbautal von der Côtes de Toul bis Koblenz wider. Wir haben mit dem Moselfränkisch eine gemeinsame und grenzüberschreitende Sprache und auch die Lebens-, Bau- und Weinkultur haben entlang der Mosel fließende Übergänge. An diesem Projekt mitzuarbeiten ist daher für mich eine sehr schöne Aufgabe, die den Blick auf die Region erweitert: So spannend kann die eigene Heimat sein.

Die Mosel hat aber auch eine aufregende Vergangenheit. Beispielsweise wird mit der Broschüre „Moselwein zur Blütezeit", herausgegeben durch die Europäische Akademie für Wein und Kultur e.V., der Weltruf der Rieslinge von Mosel, Saar und Ruwer zur Zeit der Wende vom 19. zum 20. Jh. anhand der Preise für europäische Weine beleuchtet. Mit Abbildungen kunstvoll gestalteter alter Weinkarten kann man diese schillernde Zeit erahnen. Denn diese Karten bilden nicht den Alltag ab, sondern zeigen die „Haute Couture" des Weines ... und der Mosel. Die Haute Couture, das ist das Besondere. Der besondere Wein für den besonderen Anlass. Die in der Broschüre abgebildeten historischen Weinkarten stellen mehr als nur eine Angebotsliste dar. Wer einfach nur Wein wollte, schaute nicht in diese Karten. Hier wurde ein Lebensgefühl, ein Status transportiert.

Was auch immer den Erfolg eines Weinbaugebietes ausmacht, es ist nicht alleine die Qualität seiner Weine, eher schon ihr schwierig zu imitierender Charakter, aber gewiss die Rezeption von Kultur und Landschaft. Denn die Qualität – zumindest in technischer Hinsicht – wird sich weltumspannend annähern. Die vom Menschen gestaltete Weinkulturlandschaft ist mehr als die Summe ihrer Rebstöcke. Sie ist ein deutlich wahrnehmbarer Ausdruck der Leidenschaft und Kreativität des Winzers.

Nun kamen wir auf die Höhe, wo der Weg aus dem kleinen Tal der Dhron in das große Moseltal hinüberläuft. Ich fühlte, wie mein Blick, der drunten am Bach immer gegen den Berg anstieß, in die Ferne fliegen konnte, weiter und noch weiter. „Dat is de Mosel", sagte Vater, und sein langer Finger wies in die Tiefe vor uns. Was mir bis dahin nur aus den Worten der anderen bekannt war, nun sah ich es. Der grün glänzende und gewundene Wasserlauf, das Flusstal, die Weinberge, die blauen Höhen – alles war nun zu mir gekommen, so wie ich zu ihm.

Aus: Stefan Andres, Der Knabe im Brunnen, 1953, München

Moselschleife Trittenheim/Leiwen

PROF. DR. HANS-REINER SCHULTZ

Direktor Forschungsanstalt Geisenheim, Geisenheim

Riesling gilt als „Königin der weißen Reben". Manche Experten sagen, dass die Mosel dank des Rieslings zu einer der stilprägenden Weißweinregionen der Welt wurde. Stimmen Sie dem zu?

Definitiv. Rieslinge, wie sie an der Mosel produziert werden, gelingen nirgendwo sonst auf diese Weise. Das gilt für andere Regionen und Sorten nicht, da ist durchaus eine „Kopie" möglich. An der Mosel lässt das Zusammenspiel von Klima, Boden, Winzer einzigartige Produkte entstehen, wobei die Wissenschaft selbst nicht genau weiß, wie sich diese Faktoren genau auswirken.

Riesling wird weltweit angebaut. Im Weinmagazin „TONG" gehen Sie auf die welt- weite Verteilung der Riesling-Reben ein. Kann man pauschale Aussagen über den Einfluss des Klimas auf den Riesling treffen?

Weltweit werden auf über sieben Millionen ha Reben angebaut. Davon sind 34.000 ha mit Riesling bepflanzt - 22.000 ha davon befinden sich in Deutschland, 3.500 ha im Elsass, 1640 ha in Österreich, 4.500 ha in Australien, 1.700 ha in den USA und 900 ha in Neuseeland. An der Mosel wächst auf 5300 ha Riesling.
Ende 2010 habe ich eine Klimaanalyse von sieben Weinbauregionen der Welt gemacht, in denen der Riesling eine Reputation hat. Neben den deutschen Weinbaugebieten waren die Wachau, Österreich, das Elsass, Frankreich, die Region Blenheim, Neusee- land, die Adelaide Hills, Australien, Mount Barker West-Australien, das Yakima Valley, Washington State, USA und das Okanagan Valley, British Columbia, Kanada vertreten. Zusammenfassend haben die deutschen Weinbauregionen über die Vegetationsperiode die niedrigsten Sonnenscheinstunden, eine der geringsten Diffe- renzen der Temperatur zwischen Tag und Nacht und eine sehr gleichmäßige Vertei- lung der Niederschläge übers Jahr. Das trägt sicherlich zu den charakteristischen Fruchtaromen und der Eleganz bei. Das beeinflusst auch das Alterungspotenzial dieser Weine.

„Cool climate" ist neben Terroir eines der Zauberworte der internationalen Weinszene. Warum?

Wie oben bereits erwähnt, die kühlen Bedingungen und wahrscheinlich gerade auch die „niedrigen Sonnenscheinstunden" sind ausschlaggebend für das Zusammenspiel von Aromatik und Säure bei einem moderaten Alkoholgehalt. In warmen Klimazonen ist der natürliche Zuckergehalt (und dadurch der Alkohol) höher, die Säure wird viel schneller abgebaut und gewisse Aromastoffe werden erst gar nicht gebildet. Es kommt natürlich auch daher, dass viele Regionen, die Wein klassisch definiert haben, sei es die Mosel, die Champagne, das Burgund etc., kühle Regionen sind. Das gilt dann als Vorbild!

Zählt die Mosel zu den „Cool climate" - Regionen?

Sicher. An der Mosel war das ja auch früher das Risiko, diese Nähe zum „zu kalt" in manchen Jahren. Da haben sich die Ausschläge der Jahrgänge, vor allem nach unten, in den letzten ca. 20 Jahren deutlich abgemildert. Früher war die Mosel „Grenzklima" für Weinanbau.

Unterscheiden Sie an der Mosel unterschiedliche Klimabereiche?

Ja! Wenn man die Niederschläge betrachtet, so nehmen diese von Koblenz in Richtung luxemburgische Grenze zu, gleichzeitig nehmen die Temperaturen geringfügig ab. Aber die individuelle Ausrichtung der Rebhänge, die Frage Terrassen oder Falllinie, spielen die eigentliche Rolle für das „Mikroklima", also wie die Temperatur- und Feuchtebedingungen im Weinberg sind und wieviel Wasser in diesem verbleiben.

Gibt es in Steillagen ein besonderes Mikroklima?

Ja, denn die Dauer und Intensität der Sonneneinstrahlung hängt von der Ausrichtung des Steilhangs sowie von der Hangneigung ab. Dazu kommt natürlich der Boden. Ein Schieferverwitterungsboden z.B. reflektiert kaum Strahlung, dadurch erwärmt er sich aber stark. Ganz anders bei einem Kalkboden, der durch seine helle Farbe stark reflektiert, sich aber weniger schnell aufheizt. In diesem Zusammenspiel ergeben sich besondere Bedingungen. Dazu zählt auch, ob man kleinflächige Terrassen kultiviert oder großflächige Hänge. Abgesehen von dem Mehraufwand an Arbeit für Terrassen, haben diese häufiger eine geringere Neigung, d.h. Wasser wird länger in der Fläche gehalten. Dazu kommt die etwas bessere Erwärmbarkeit, da die Luftbewegungen andere sind.

Der Klimawandel wird heiß diskutiert. Auch in der Vergangenheit hat sich das Klima immer wieder verändert. Welche für den Weinbau relevanten Veränderungen beobachten Sie?

Von gestiegenen Temperaturen reden alle. Für die Rebkultur ist aber wichtig, in welchen Monaten sie sich verändert haben. Hier zeigen die Wetteraufzeichnungen seit 1884 aus Geisenheim, dass die Durchschnittstemperatur während der Vegetations-periode von April bis Oktober von ca. 14°C gegen Ende des vorletzten Jahrhunderts auf über 16 °C im Schnitt der letzten Jahre gestiegen ist. Dabei ist auffallend, dass dieser Anstieg vor allem in den letzten 30 Jahren erfolgte, und dass die Monate August und Oktober deutlich über dem Anstieg anderer Monate liegen. Diese Monate liegen in der Reifephase der Traube und sind mit ein Grund für deutlich höhere Mostgewichte (Zuckergehalt der Traube) und niedrigere Säurewerte über die letzten 20 Jahre, im Vergleich zu den 60er, 70er und 80er Jahren des letzten Jahrhunderts.

Beobachten Sie Veränderungen beim Wein?

Die Weine sind harmonischer, fülliger, vor allem durch höhere Mostgewichte und niedrigere Säurewerte. „Reife" ist nicht mehr das ausschließliche Problem heute, der Klimawandel bringt auch andere Herausforderungen.

Gibt es Zusammenhänge zwischen der Geschichte des Moselweinbaus und der Geschichte des Klimas an der Mosel?

Sicherlich ebenso wie in jeder anderen Weinregion. Das Problem ist aber, dass sich über die Jahrhunderte der Rebsortenspiegel ebenso verändert hat wie das Klima. Dies gilt mit wenigen Ausnahmen, wie z.B. der Region Burgund, wo bereits ab 1370 Aufzeichnungen über Spätburgunder und Erntedaten geführt wurden. Im 6. Jh. nach Chr. z.B. wurden an der Mosel die „uvae coloratae – gefärbten Trauben" besungen, weil die Ursprungsrebsorten alle rot waren. Erst ab ca. 1464/65 tauchen „ruesseling reben" in Trier auf, was auf Riesling schließen ließ. Danach hat es noch mehrere Hundert Jahre gedauert bis Riesling seine Dominanz erwarb. Dem Riesling ist neben anderen Eigenschaften dabei wahrscheinlich auch seine gute Frostresistenz zu Gute gekommen, denn über viele Phasen der letzten 1000 Jahre waren es gerade extreme Winterfröste, die dem Weinbau zu schaffen machten.

Wenn Sie die Augen schließen und den Begriff „Mosel" hören, was kommt Ihnen in den Sinn?

Mein Elternhaus!

Wie wünschen Sie sich die Mosel in 20 Jahren?

Wieder da, wo sie in Bezug zum Wein vor ca. 90 Jahren schon mal war – ganz oben!

DR. ERNST-DIETER SPIES

Geologiedirektor, Geologisches Landesamt, Mainz

Alle reden vom Terroir. Was ist das?

Terroir ist ein Begriff für den ähnlich viele verschiedene Definitionen möglich sind wie für den Begriff Liebe. Daher beginnen Auslassungen über „das" Terroir meistens so: Terroir ist für mich ...

Also für mich (den sachlich-nüchternen Naturwissenschaftler) steht der Wein im Mittelpunkt der Betrachtung und daher umfasst für mich der Begriff „Terroir" in diesem engeren Sinne alle Faktoren, die auf die Qualität und den Charakter des Weines einwirken: Gestein, Boden, Relief und Klima der Rebflächen sowie die Arbeit des Winzers im Weinberg (einschließlich der Rebsorten- und Unterlagenwahl) und im Keller.

Darüber hinaus werden häufig auch weitere natürliche sowie kulturelle und soziale Aspekte der jeweiligen Weinkulturlandschaft dazugezählt. Sie wirken sich zwar nicht direkt auf den Wein aus, aber sie können die Wahrnehmung und die Wertschätzung des Weines und der Landschaft prägen, aus der er stammt. Hier steht eher der Mensch als Weinkonsument im Mittelpunkt der Betrachtung.

Was macht das Terroir der Mosel, ihre Weine, unverwechselbar – beispielsweise im Vergleich zu einem südafrikanischen oder australischen Wein?

Ich trinke nur Weine der Region, daheim und auf Reisen. Da ich bisher weder in Südafrika noch in Australien war, weiß ich über deren Weine rein gar nichts. Als Wahlhunsrücker, der in Mainz arbeitet, zähle ich Mosel, Mittelrhein, Nahe und Rheinhessen zu „meiner" Region. Dass z.B. deren trockene Rieslinge, am Besten des gleichen Jahrgangs, sich gut unterscheiden und ihrer Herkunft zuordnen lassen, ist Ausdruck ihrer jeweiligen Unverwechselbarkeit, das ist die Faszination des Terroirs.

Hat die Mosel unterschiedliche „Terroirs"?

An der Mosel finden wir, wie in anderen Weinbaugebieten, eine Vielzahl von Terroirs. Sie lassen sich aus geologischer Sicht in Gruppen einteilen. Terroirs der roten oder grauen Schiefer, der Kalkschiefer, der Grauwacken und der Quarzite der Devonzeit. Terroirs der Konglomerate (Festgesteine aus Geröllen) und Rhyolithe (saure Vulkangesteine) der Rotliegendzeit. Terroirs der roten Sandsteine der Buntsandsteinzeit. Terroirs der Mergel und Dolomitsteine der Muschelkalk- und Keuperzeit. Terroirs der Mergel und Kalksteine der Jurazeit. Terroirs der Flussablagerungen und des Löss der Quartärzeit usw.. Die Anzahl multipliziert sich jeweils mit der Anzahl der verschiedenen Geländepositionen der Rebflächen (Steilhang, flacher Hang, ebene Tallage ...), der unterschiedlichen Höhenlage oder der Ausrichtung zur Sonne sowie unterschiedlicher klimatischer Situationen.

Sind die Terroirs der Mosel kleinräumiger als beispielsweise die der Pfalz?

Speziell in der Oberrheinebene (Pfalz und Rheinhessen) mit ihren ausgedehnten Löss-, Sand und Schotterflächen sowie geringen Reliefunterschieden sind die Terroirs in der Tat deutlich großräumiger als an der Mosel.

Wenn Sie die Augen schließen und den Begriff „Mosel" hören, was kommt Ihnen in den Sinn?

Landschaft! Immer noch zuerst die weitgeschwungenen Moselschleifen mit ihren steilen Talflanken. Obwohl mich auch die sanfteren Talformen der deutschen Obermosel, der luxemburger Mosel oder der Côtes de Toul faszinieren.

Wie wünschen Sie sich die Mosel in 20 Jahren?

Als eine europäische Weinregion, die sich von Toul bis Koblenz erstreckt, die die Vielfalt ihrer typischen Terroirs weiter kultiviert hat und somit optimale Weinqualitäten hervorbringt.

Weinberge von Ürzig und Erden

HUBERT FRIEDRICH

Dienststellenleiter des Steillagenzentrums, DLR Mosel, Bernkastel-Kues

Was ist ein Steillagenzentrum? Gibt es davon mehrere?

In Rheinland-Pfalz gibt es sechs Dienstleistungszentren für den ländlichen Raum (DLR), die unterschiedliche regionale oder thematische Schwerpunkte vertreten. Das DLR Mosel mit Sitz in Bernkastel-Kues hat die Schwerpunktaufgabe „Steillagenweinbau und Steillagenriesling" übernommen, die für unser Anbaugebiet Mosel eine ganz herausragende Bedeutung hat.

Das Steillagenzentrum ist ein Teil des DLR Mosel. In diesem Neubau sind alle weinbaulichen Kompetenzen und Einrichtungen zusammengefasst: die Berufsbildende Schule für Weinbau und Kellerwirtschaft, die Beratungskräfte für Weinbau und Kellerwirtschaft, ein Lehr- und Versuchsbetrieb für Steillagenweinbau und ein weinchemisches Labor für Spezialanalytik. So haben die Winzerinnen und Winzer – von der schulischen Ausbildung über die spätere Fortbildung in Verbindung mit Beratung und Versuchswesen – ein „Angebot aus einem Guss" zur Unterstützung und Weiterentwicklung des Steillagenweinbaus.

Zu dem Kern „Schule-Beratung-Versuchswesen" sind im Steillagenzentrum zwei weitere Module hinzugekommen: die angewandte Forschung in Kooperation mit dem Julius-Kühn-Institut, die sich besonders mit den Auswirkungen des Klimawandels im Steillagenweinbau befasst und die „Dachmarke Mosel", die die Kooperation im Themenfeld Weinbau-Kultur-Tourismus vertieft und damit zu einer besseren Wertschöpfung in der Region beiträgt.

Wozu bedarf es eines solchen Zentrums? Was geschieht dort?

Das Steillagenzentrum ist einzigartig in Rheinland-Pfalz: es ist das klare Bekenntnis des Landes zur Erhaltung des Steillagenweinbaus.

Steillagenweinbau und Tourismus sind die wirtschaftliche Grundlage unserer Region. Sie schaffen viele Arbeitsplätze (nicht nur in Weinbaufamilien) und eine beträchtliche Nettowertschöpfung auch in vor- und nachgelagerten Wirtschaftsbereichen. Die Erhaltung des Steillagenweinbaus ist eine große Herausforderung für die Regionalentwicklung: diese wird nur gelingen, wenn die Steillagenwinzer einen vernünftigen Ertrag für ihre mühevolle Arbeit erzielen – im Klartext: das Einkommen muss vergleichbaren selbstständigen Handwerksbetrieben entsprechen.

Im Steillagenzentrum dreht sich alles um die Kernfrage, wie die Einkommenssituation verbessert werden kann: exzellente Ausbildung in der Berufsschule und Fortbildung des Nachwuchses (ohne Nachwuchs keine Zukunft), Maßnahmen zur Kostensenkung bei der Bewirtschaftung der steilen Weinberge (insbesondere durch effizientere Mechanisierung), kellerwirtschaftliche Strategien für den Ausbau der Steillagenweine, Marketingmaßnahmen vor allem in Verbindung mit der Dachmarke

Steillage

Mosel und schließlich die komplette betriebswirtschaftliche Beratung der Weinbaubetriebe, um betriebliche Anpassungs- und Investitionsmaßnahmen zu initiieren. Diese und viele weitere Maßnahmen haben wir in einem „Steillagenkonzept" zusammengefasst, das wir fortlaufend mit allen Weinbauvertretern der Region abstimmen. Alles zusammen ist eine gute Grundlage für die Weiterentwicklung des Steillagenweinbaus: das Steillagenzentrum als „Haus des Steillagenweinbaus" und das Steillagenkonzept als „Maßnahmenplan" mit verschiedenen Handlungsfeldern.

Erinnern Sie sich an Ihren ersten Moselwein?

Ich bin in Saarburg geboren und aufgewachsen - daher war mein erster Moselwein natürlich ein Riesling von der Saar. Meine Eltern bezogen Weine aus Serrig, Saarburg, Ayl, Ockfen und Wiltingen - dementsprechend hatte auch ich nur einen begrenzten (Wein-) Horizont. Erst später ist der Aktionsradius viel größer geworden und natürlich probiere ich viele andere Weine - der Rebsorte Riesling bin ich aber treu geblieben.

Wenn Sie die Augen schließen und den Begriff „Mosel" hören, was kommt Ihnen in den Sinn?

Mich fasziniert der Blick in das grandiose Flusstal, wenn sich die Landschaft öffnet. Ob ich als Autofahrer von der Wittlicher Senke komme und in Zeltingen sich das Tal öffnet, oder ob ich als Wanderer auf dem Moselhöhenweg aus dem Wald komme und auf den Ürziger Würzgarten schaue. Anscheinend muss man sich von außen nähern, um die Schönheit der Landschaft zu erleben. So ist es auch kein Wunder, dass Gäste und „Zugezogene" dies viel intensiver wahrnehmen als die Einheimischen selbst.

Wie wünschen Sie sich die Mosel in 20 Jahren?

Natürlich wünsche ich mir aus beruflicher Sicht, dass der Steillagenweinbau auch in 20 Jahren noch das Landschaftsbild bestimmt und dass die Weinbaufamilien ein akzeptables Einkommen erwirtschaften.
Über das rein Berufliche hinaus wünsche ich mir, dass wir uns als eine Region begreifen, die zwar viele lokale Besonderheiten und Spezialitäten hat, die aber von einem Band – der Mosel – zusammengehalten wird. Und es wäre doch toll, wenn junge Menschen, die von der Mosel kommen und in alle Länder der Welt ziehen, sagen können: „Ja – ich bin stolz auf meine Heimat – ich bin von der Mosel!"

LUXEMBURG ■

Alzette

Grevenm

Lehbusch   Nitt

Winchering
Remich
Palzem
Nennig
Besch
Schengen
Perl

Thionville   Contz-les-Bains
Yutz   *Mosel*
Mondelange   La Ceriseraie   Sierck-les-Bains

Marange-Silvange
Talange
Ay-sur-Moselle

Rozerieules
Vigy

Moselle
■ METZ

Fey

Sa

grusig-lehmiger Schiefer-
boden, grauer Schiefer
(Devon)

„Man schmeckt den Schiefer im Wein, man atmet ihn in der Luft ..." schreibt Rudolf G. Binding. Seit fast zwei Jahrtausenden werden an der Mosel Reben kultiviert. Ihre Wurzeln wachsen bis zu 12 Meter tief in den Boden, suchen Halt, Wasser und Nährstoffe. Wie sehr man wann welchen Boden in welchem Wein sensorisch feststellen kann, wird von Forschern, Winzern und Weinkennern leidenschaftlich diskutiert – köstliche Fragen.

Die Böden sind Jahrmillionen alt. In dieser Zeit drifteten die Kontinente umher, schoben Meeressedimente unter Druck und Hitze zusammen, ließen sie schiefernd zu Gebirgen wachsen, die wieder überlagert wurden ... Die Böden der Mosel entstanden in diesen Epochen:

Devon - Meeresablagerungen - vor ca. 410 bis 400 Mio. Jahren
Rotliegend - Vulkanite und Wüstenablagerungen - vor ca. 285 bis 270 Mio. Jahren
Buntsandstein - Halbwüstenablagerungen - vor ca. 250 bis 245 Mio. Jahren
Muschelkalk - Meeresablagerungen - vor ca. 245 bis 235 Mio. Jahren
Keuper - Meeresablagerungen - vor ca. 235 bis 200 Mio. Jahren
Jura - Meeresablagerung - vor ca. 200 bis 145 Mio. Jahren
Quartär - Fluss- und Windablagerungen - vor ca. 1,8 Mio. Jahren bis heute

Um 200 n. Chr. begann der Weinbau an der Mosel. Terrassen wurden angelegt, um den Boden zu schützen, die Humusauflage zu halten, die Sonnenstrahlen optimal einzufangen, die Feuchtigkeit zu bewahren, die Arbeit zu erleichtern ... - die Entstehung einer einzigartigen Kulturlandschaft begann. Ihr Wein erzählt von alldem.

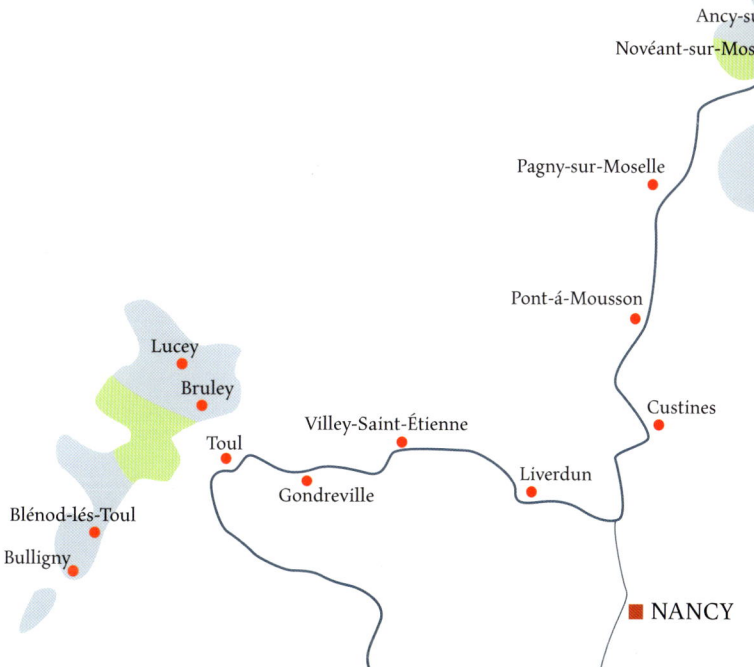

Ancy-sur-
Novéant-sur-Mosell

Pagny-sur-Moselle

Pont-á-Mousson

Custines

Lucey

Bruley

Villey-Saint-Étienne

Toul

Liverdun

Gondreville

Blénod-lés-Toul

Bulligny

■ NANCY

GÜNTHER JAUCH

Fernsehmoderator und Weingutsbesitzer

Zu den bekanntesten deutschen Fans des edlen Rieslings zählt Günther Jauch. Sämtliche Weinberge seines Weingutes in Kanzem a.d. Saar sind mit Rieslingreben bestockt. Das Gut, das der Fernsehmoderator 2010 übernommen hat, existiert seit etwa 500 Jahren, seit 1805 ist es in Familienbesitz.

„Deutschland ist mit seinem Klima das prädestinierte Land für diese weiße Rebsorte", sagte der „Jungwinzer" in einem Interview, „unser Weingut würde viel verlieren, falls es vom einzigartigen Riesling abrücken würde."

FRITZ MICHAEL WÖHR

Vins Alemanys, S.L. Gerona - Spanien

Das Weinanbaugebiet Mosel mit seinen Nebenflüssen Saar und Ruwer stellt eine weltweit einzigartige Wein-Kulturlandschaft dar. Auf über mehr als 200 Flusskilometern zwischen Luxemburg und der Moselmündung in Koblenz wird in unzähligen Steillagen auf kargen schiefrigen Böden unter schwierigsten Bedingungen Weinbau betrieben, wie man es sich in heutiger Zeit kaum mehr vorstellen mag.

Doch der Lohn der fast überwiegend in Handarbeit geleisteten Weinbergsarbeit sind Weine, die unvergleichlich sind und dem glücklichen Verkoster eine eigene oftmals vorher unbekannte Aromenwelt eröffnen. Es ist immer der Riesling, die Königin – oder noch besser – die Diva unter den Weisswein-Rebsorten, der diesen Zauber vollbringt und in dieser Region zu seiner Bestform aufläuft.

Namhafte Dichter haben seit Jahrhunderten den Moselwein beschrieben, so dass es mir schwer fällt, dem noch etwas zuzufügen. Aber es gibt wohl keinen anderen Weintypus auf der Welt, wo der Charakter des prägnanten und vielfältigen Schieferbodens, die Frucht der Rieslingtraube, das unterschiedliche Mikroklima jedes einzelnen Weinbergs und die Handschrift des jeweiligen Winzers eine so komplexe Harmonie erreichen können, wie in diesem zauberhaften Flusstal. Aus diesem Grund sind die Besten der Besten von Mosel, Saar und Ruwer auch die gesuchtesten und weltweit geschätztesten Weine überhaupt.

DR. MARIO MARQUES

Quinta de Santa Cruz, Maia/Portugal

Die Römer verbreiteten die Weinbaukultur in Europa - auch im Vinho Verde Gebiet und an der Mosel. Mit meinen Freunden und Kollegen an der Mosel erforsche und feiere ich diese gemeinsamen Wurzeln besonders gerne, denn unsere Weine eint auch ihr Trinkfluss - Aromenfülle bei wenig Alkohol.

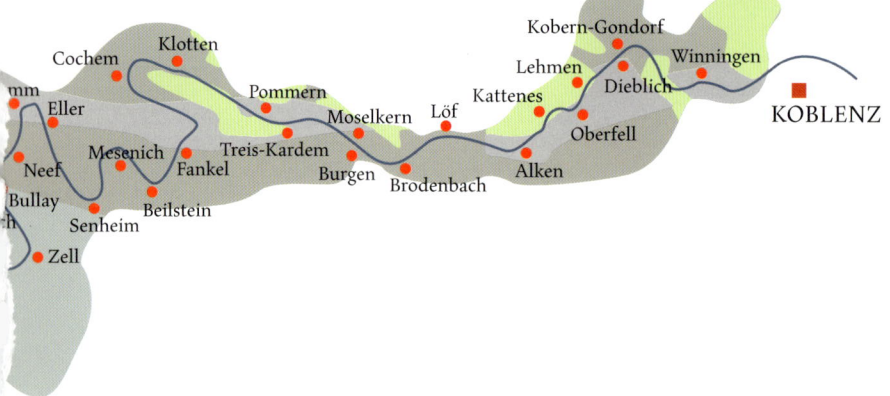

toniger Mergelboden
bunter Mergel mit
Dolomitsteinbänkchen

RHEINISCHES SCHIEFERGEBIRGE

Devon

🟫 Quarzit, Sandstein, Silt und Tonschiefer

⬜ kalkhaltiger Sandstein, Quarzit und Tonschiefer

🟩 Tonschiefer

🟫 rot verwitterter Schiefer und Sandsteine

Rotliegend · Wittlicher Senke

🟧 Rhyolith und rotes Konglomerat

PARISER BECKEN (LUXEMBURG · TRIERER BUCHT)

Buntsandstein

🟧 roter Sandstein

Muschelkalk

🟫 heller Dolomitstein und grauer Mergel

Keuper

🟨 bunter Mergel

Jura

🟦 Kalkstein und dunkler Mergel

TERRASSEN DER MOSEL

Pleistozän

🟩 Kies und Sand, überwiegend mit Löss bedeckt

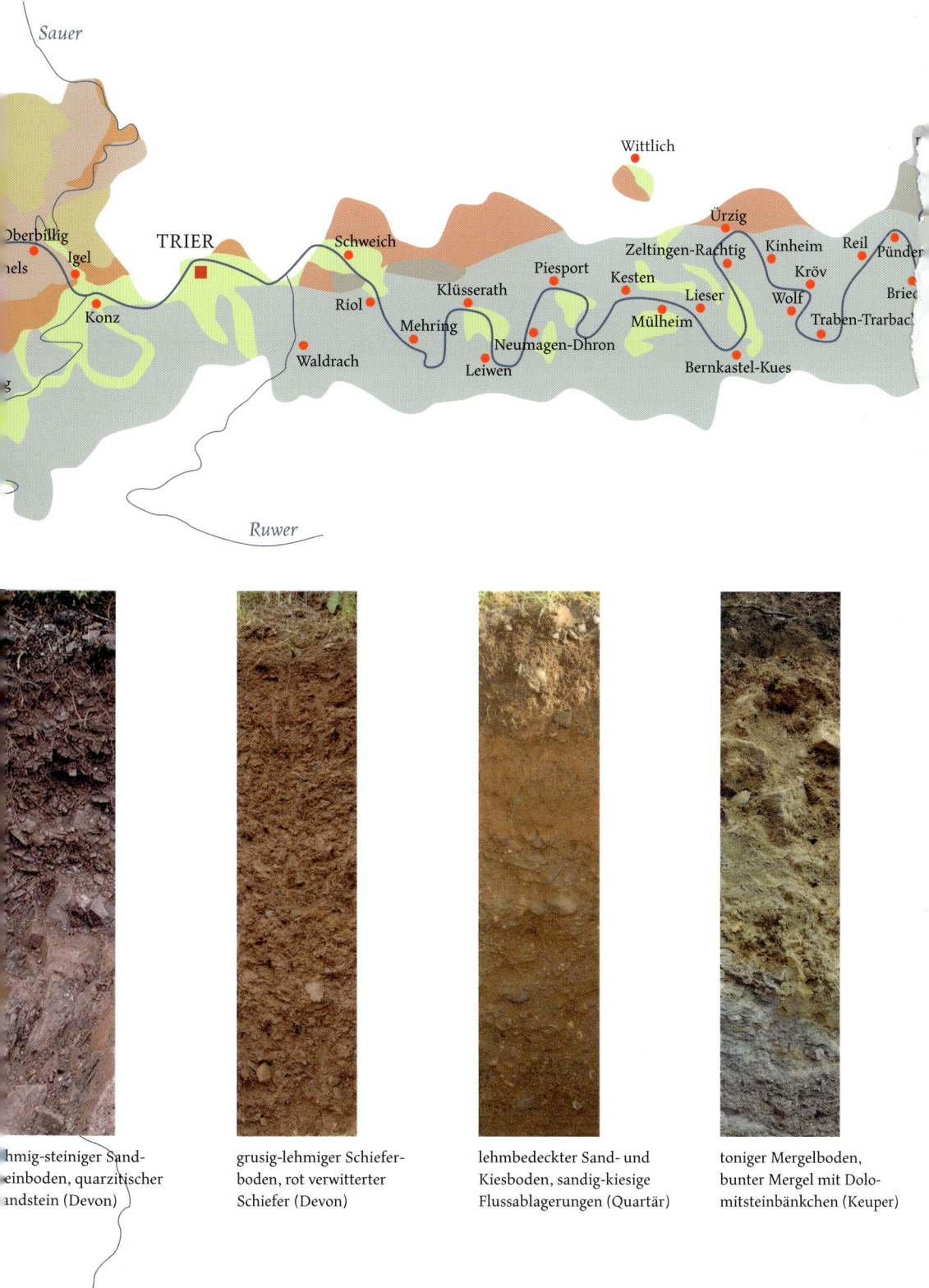

Sauer

Wittlich

Ürzig

Oberbillig
hels
Igel
Konz
TRIER
Schweich
Riol
Mehring
Waldrach
Klüsserath
Leiwen
Neumagen-Dhron
Piesport
Kesten
Lieser
Mülheim
Bernkastel-Kues
Zeltingen-Rachtig
Kinheim
Kröv
Wolf
Reil
Pünder
Bried
Traben-Trarbach

Ruwer

hmig-steiniger Sand-
einboden, quarzitischer
andstein (Devon)

grusig-lehmiger Schiefer-
boden, rot verwitterter
Schiefer (Devon)

lehmbedeckter Sand- und
Kiesboden, sandig-kiesige
Flussablagerungen (Quartär)

toniger Mergelboden,
bunter Mergel mit Dolo-
mitsteinbänkchen (Keuper)

ADOLF SCHMITT

Ökonomierat & Ehrenweinbaupräsident Mosel, Trier

Die Mosel ist Inbegriff facettenreicher Highlights. Nach den Kelten kamen die Römer und haben die Moselweinkultur geprägt. 1884 stellte der preußische Major Meckel die Bedingung, dass er als Ausbilder der japanischen Offiziere nur dann nach Japan geht, wenn er auch dort seinen geliebten Moselwein genießen kann. Wie in einer Fernsehserie vom japanischen NHK am 13.12.2009 dargestellt wurde, war die Ausbildung durch den Moselweinliebhaber Meckel in Japan dann so erfolgreich, dass Japan die Kriege 1894/95 gegen China und 1904/05 gegen Russland gewonnen hat.

Bei einer Moselweinpräsentation 2006 in Seoul konnte ich, zusammen mit der Moselweinkönigin Anne Mertes, die Südkoreaner von der feinen Frucht und Finesse des Moselweines überzeugen. Dabei fand der Senior Vice President S.L. Lee von Samson Electronics den Moselwein so filigran und kristallklar wie deren neu entwickelten Flachbildfernseher und hat diesem für den Verkauf in Asien spontan den Markennamen „Mosel" gegeben.

Als Goethe 1792 ein Mosellandschaftsbild vom Dreiländereck Frankreich-Luxemburg-Deutschland malte, zeichnete er beim Ort Schengen den Freiheitsbaum mit den Worten <Passants, cette terre est libre> hinein. Dies bedeutet „Vorübergehende, diese Erde ist frei". Es war Ausdruck seines Traumes vom Frieden in Europa, welcher 200 Jahre später mit dem Schengener Friedensabkommen in Erfüllung ging.

Der ehemalige japanische Präsident Koizumi hat anlässlich des Besuches von Bundespräsident Rau in Japan zum Ausdruck gebracht, dass er sich noch sehr gut an die steilen Rebhänge an der Mosel erinnern kann, die er als Student besucht hatte. Bei der Befragung einer japanischen Zeitung über die bekanntesten Weinanbaugebiete der Welt, wird als einziges deutsches Anbaugebiet und bereits an 6. Stelle „Mosel-Saar-Ruwer" genannt. Diese Moselweinkultur- und Naturlandschaft mit den Nebenflüssen Saar und Ruwer ist für mich, auch nach vielen Reisen in andere Länder, immer noch einzigartig. Dies gilt ganz besonders auch für unsere Schiefersteillagen-Rieslingweine von trocken bis edelsüß.

PROF. DR. ULRICH FISCHER

Oenologe, Kompetenzzentrum Weinforschung, DLR Rheinpfalz, Neustadt a. d. Weinstraße

Sie haben zusammen mit dem Bund Deutscher Oenologen das Weinaroma-Rad für deutsche Weine entwickelt. Was ist das?

Im Grunde ist es ein Wörterbuch zur Beschreibung der unglaublichen Vielfalt der Weinaromen mit Hilfe alltäglicher Begriffe, die Früchten, Blumen, Gewürzen oder Kräutern entlehnt sind. Mit dieser „runden Sache" bedienen wir uns einer allgemein verständlichen Sprache in der Kommunikation über die sensorische Prägung von Rebsorten, Terroir und Ausbaustil der Weine.

Wie nimmt man einen Wein wahr? Welche Faktoren beeinflussen die Wahrnehmung?

Mit allem was unsere Sinne zu bieten haben, sei es die Farbe mit den Augen, den Duft mit der Nase, Geschmacksvielfalt auf der Zunge, das Mundgefühl mit dem Tastsinn und die mitgeteilte Begeisterung über den Wein mit den Ohren. Am wichtigsten ist der ein wenig trainierte Geruchs- und Gechmackssinn, so dass wir mit etwas Übung die schwierige Aufgabe besser meistern, das was wir riechen und schmecken in passende Worte zu fassen.

Kann man den Boden im Wein erkennen?

Nicht immer, aber immer öfter. Wir haben in Neustadt wissenschaftlich belegt, dass gerade im Riesling das Ausgangsgestein eine spürbare sensorische Prägung hinterlassen kann. Den Winzern gelingt es immer besser, die typischen Aromen und Säureausprägung eines Schiefer-, Buntsandstein- oder Muschelkalkbodens im Glas wahrnehmbar zu machen. Gleichzeitig lernen die Verkoster, diese subtilen Signale aus dem Weinberg zu erkennen und die aus der geologischen Vielfalt erwachsende Individualität zu genießen.

Wann kann man ihn besonders gut erkennen?

Ich spreche gerne von einer defensiven Oenologie: Sie soll einen maximalen Übergang der Geruchs- und Geschmacksstoffe aus der Traube, sprich dem Weinberg, in den Wein ermöglichen, aber selbst keine Akzente über Spontangärung oder neueres Holzfass einbringen. Riesling ist prädestiniert, da er auf einer Vielfalt von Böden angebaut wird, aber auch Silvaner oder Spätburgunder sind stark vom Terroir geprägt. Restsüße muss nicht stören, eine fruchtsüße Spätlese vom eisenhaltigen Schiefer der Ruwer schmeckt ganz anders als die aus dem Saarburger Rausch, dem Winniger Uhlen oder der Trittenheimer Apotheke.

Hat der Boden einen Einfluss auf das Reifepotenzial eines Weines?

Weniger als Traubenreife und Ausbaustil. Selbst säurearme trockene Weine vom Kalkboden können nach zehn Jahren großartig schmecken. Wer hingegen 20 – 30 Jahre Alterungspotenzial anstrebt, sollte auf das Make-up des Alters, die Restsüße, nicht gänzlich verzichten, zumal mit der Reife der Süßeeindruck ab- und die Säureprägung zunimmt. Es entstehen komplexe Weine, die gemäß meinem Heimatphilosophen von der Mosel, Nikolaus von Kues, unnachahmlich die Einheit in der Vielfalt widerspiegeln.

Wenn Sie die Augen schließen und den Begriff „Mosel" hören, was kommt Ihnen in den Sinn?

Ich denke an meine Lehrzeit bei Familie Schultz, an den Blick vom Neumagener Rosengärtchen auf das Moseltal, ich spüre die erfrischende Säure und Mineralität eines Rieslings auf der Zunge und schmunzele über den selbstbewussten und jovialen Menschenschlag des Moselaners, der vieles hinterfragt, aber selten an sich und seiner Heimat zweifelt.

Wie wünschen Sie sich die Mosel in 20 Jahren?

Als eine touristisch hochwertig erschlossene Erlebnisregion in Europa. Den Winzern gelingt es auf breiter Ebene, das großartige Potenzial der Schiefersteillagen in einzigartigen Weinen abzurufen, deren Wertschätzung Preise ermöglicht, die den Weinbau auf eine gesunde ökonomische Basis stellt.

Frühnebel im Herbst

DR. HARALD SCHÖFFLING

Rebsortenspezialist, Trier

Welche Rebsorten findet man heute an der französischen, luxemburgischen und deutschen Mosel?

An der französischen Mosel entfallen auf die Weißweinsorten Auxerrois, Pinot gris, Müller Thurgau, Riesling, Gewürztraminer und Pinot blanc rund 29 ha. Die Rotweinsorten Gamay und Pinot noir sind mit rund 20 ha im Anbau.

An der luxemburgischen Mosel treffen wir als Weißweinsorten den Rivaner (Müller Thurgau) mit 337 ha, den Auxerrois mit 176 ha, den Pinot gris mit 174 ha, den Riesling mit 153 ha, den Pinot blanc mit 138 ha, den Roten und Weißen Elbling mit 105 ha, den Gewürztraminer mit 19 ha und den Chardonnay mit 16 ha an. Die Rotweinsorten sind durch den Pinot noir mit 94 ha vertreten.

An der deutschen Mosel befinden sich im Hauptanbau: Riesling mit 5.326 ha Ertragsfläche, Müller Thurgau mit 1.216 ha, Roter und Weißer Elbling mit 566 ha, Kerner mit 332 ha, Weißer Burgunder mit 268 ha, Grauer Burgunder (Ruländer) mit 91 ha, Bacchus mit 76 ha und Chardonnay mit 35 ha. Relevante Rotweinsorten sind Blauer Spätburgunder mit 363 ha Ertragsfläche, Dornfelder mit 322 ha und Regent mit 60 ha.

Gibt es Informationen darüber, welche Sorten vor 100, 500 oder 1000 Jahren an der Mosel kultiviert wurden?

Vor 100 Jahren (um 1900) wurden aufgrund des Befalls der Reben mit dem echten Mehltau (1845), mit der Reblaus (1863) und mit dem falschen Mehltau (1878) vereinzelt „resistente" Hybriden angebaut. Ansonsten standen heutige traditionelle Rebsorten im Anbau, vor allem der Weiße Riesling mit fast 90 % und der Weiße Elbling mit rund 10%. Von den Rotweinsorten waren Spätburgunder, Trollinger, Portugieser und Limberger in Kultur.

Vor 500 Jahren (um 1500 n.Chr.) war bereits der Riesling (Rußling) im Anbau, ferner der Elbling (Weiß-Alben, Rot-Alben), der Heunisch (Heinisch) und der Räuschling (Rüschling). Ruländer (Rouland), Gelber Muskateller (Katzendreckler), Gutedel (Schönedel), Weißer Burgunder (Weißer Clevner), Gelber Orleans (Orleaner), Traminer (Roter Clevner), Roter Veltliner (Rote Fleischtraube) und später wohl auch Silvaner (Salvianer). An roten Sorten wurden Spätburgunder (Klebrot), Trollinger (Bilsenroth), Gänsfüsser (Gänsefuß), Bergroth und Hüngerling angebaut.

Vor 1000 Jahren (um 1000 n. Chr.) sprach man von Hunnisch-Wein und Frensch-Wein. Ersterer wurde aus Trauben der heinischen Reben mit den Varietäten Weißer Heunisch, Gelber Heunisch und Roter Heunisch (Dicker Kleinberger) gewonnen. Auch zwei Kinder der Sorte Heunisch, Elbling und Räuschling, dürften beteiligt gewesen sein, ferner der Gelbe Orleaner. Der Frensch-Wein wird dagegen in Verbindung mit

Qualitätssorten wie Traminer, Gutedel, Gelber Muskateller sowie Burgundersorten gebracht. Als Rotweinsorten waren Spätburgunder und Gänsfüsser im Anbau.

Der Elbling gilt als uralte Rebsorte, die schon von den Römern kultiviert worden sei. Stimmen Sie dem zu?

Wir unterscheiden heute den Weißen Elbling und den Roten Elbling. Einige der zahlreichen Synonyme sind Kleinberger, Grobriesling, Weißalbe und Klemperich. Der Elbling-Anbau dürfte ab dem Mittelalter verbrieft sein.
Es liegen allerdings zahlreiche Hinweise vor, die für seinen Anbau schon zur Römerzeit sprechen, ausgehend von vergleichenden Beschreibungen mit den Rebsorten alba, albena oder albuelis. Davon leitet man Sortennamen wie Albus, Albig, Albe, Alben, Elben, Elblinger, Elbling ab. Ein eindeutiger Beweis für diese Annahme fehlt jedoch. Nach neueren Untersuchungen stammt der Elbling aus dem Rheintal, wie die genetisch ähnlichen Sorten Riesling und Räuschling. Alle drei sind Kinder der nachrömischen Sorte Heunisch. Als zweiter Elternteil stehen Traminervarietäten im Focus, woraus sich der Rote Elbling durch eine Farbmutation erklären ließe.

Warum wird der Riesling als „König der weißen Reben" bezeichnet?

Obwohl der Riesling, wie wir ihn vom Namen und vom Wein her bezeichnen, in der Weltrangliste der weißen Rebsorten mit heute 36.231 ha hinsichtlich der Anbaufläche nur einen Mittelplatz einnimmt, ist er angesichts seiner geschmacklichen Brillanz trotzdem als König der weißen Rebsorten anerkannt. In Deutschland hat er bei derzeitig 22.636 ha mit Abstand die Spitzenposition inne, das sind 60,5 % der weltweiten Rieslinganbaufläche. Im Anbaugebiet Mosel belegt er etwa 60 % im Sortenspiegel.
Seine beherrschende Stellung geht in erster Linie auf die einzigartige Qualität seiner Weine zurück. Die Vielfalt der geschmacklichen Facetten macht den Rieslingwein brillant und unverwechselbar. Rieslingweine sind in allen Stilrichtungen Persönlichkeiten und bleiben auch im reifen Alter authentisch.
Damit leisten der Riesling und seine Weine als heiliges Gut einer frühen Göttergabe nicht nur einen großen Beitrag zur genussvollen Trinktradition, sondern sie haben auch einen wesentlichen Anteil am kulturellen Lebensverständnis.

Im Jahr 1464 soll urkundlich bezeugt der erste Riesling an der Mosel gepflanzt worden sein. Der letzte Kurfürst, Clemens Wenzeslaus, hat im Jahr 1787 mit einem Edikt zugunsten des Rieslings dessen Anbau maßgeblich gefördert. War das der gleiche Riesling, den man heute kennt?

Erste Nachweise von Rieslingpflanzungen an der Mosel datieren aus den Jahren 1464 in Trier sowie 1562 in Trittenheim. Im Jahr 1490 wird von Weinbergen berichtet, 1577 treffen wir bereits Rieslingbestände an.
Erzbischof und Kurfürst Clemens Wenzeslaus gab am 30.10.1787 eine Reben-Anbauverordnung heraus. Danach mussten die schlechten Rebsorten, vor allem die rheinische Traube, ausgehauen und die guten Rebsorten, insbesondere der Riesling,

vermehrt werden.

Das genetische Grundgerüst des damaligen Rieslings ist das gleiche wie heute. Durch gezielte Selektionsmaßnahmen haben sich allerdings zahlreiche Leistungseigenschaften, vor allem Wuchs, Ertrag und Qualität, stark verbessert.

Wenn Sie die Augen schließen und das Wort „Mosel" hören, was kommt Ihnen in den Sinn?

Ich denke an eine herrliche Landschaft mit anmutigen Rebhängen und steilen Rebterrassen, aus einem tiefen Tal aufsteigend, und an eine ruhig dahin fließende Mosel mit vielen interessanten Flussschleifen sowie an dahingleitende Schiffe, mit schwerer Fracht beladen.

Ich denke an römische Kulturdenkmäler, an Burgen und Klöster sowie an idyllische Weinorte mit offenen Kellern, in die Weinfreunde mit Lebensfreude Einkehr halten, um den quirlenden Rieslingwein zu genießen.

Ich denke aber auch an die schwere Arbeit der Winzer und an ihre zum Teil prekäre wirtschaftliche Situation.

Wie wünschen Sie sich die Mosel in 20 Jahren?

Ich wünsche mir einen sauberen Fluss in Harmonie mit dem Moselwein sowie viele ufernahe Erholungsflächen und Begegnungsplätze.

Ich wünsche mir mit der Rieslingrebe bestockte Weinhänge und Weinterrassen ohne Brachen, eine weitere Qualitätsprofilierung der Rieslingweine, überdies eine weinkulturelle Erlebnisregion, mit Blumen, Sträuchern und Rebenbögen geschmückte Häuser und Straßen.

Die Mosel und das Moseltal sollten von der UNESCO wegen der Schönheit und Besonderheit der Landschaft sowie der einmaligen Kulturdenkmäler als Weltnaturerbe anerkannt sein.

Weiterführende Literatur:

H. Schöffling, G. Stellmach. Klonzüchtung bei Weinreben in Deutschland. Waldkirch-Verlag. 1993

F. Schumann. Rebsorten und Weinarten im mittelalterlichen Deutschland. Stadtarchiv Heilbronn. 1997

E. Maul. Die sehr alte Rebsorte Weißer Heunisch und ihre zum Teil berühmt gewordenen Kinder, wie z.B. Chardonnay. Deutsches Weinbau-Jahrbuch. Ulmer-Verlag. 2005

M. Aeberhard. Geschichte der alten Traubensorten. Aarcadia-Verlag. 2005

H. Lott, F. Pfaff, B. Prior. Taschenbuch der Rebsorten. Fachverlag Fraund. 2010

H. Ambrosi, B.H.E. Hill, E. Maul, E.H. Rühl, J. Schmid, F. Schumann. Farbatlas Rebsorten. Ulmer-Verlag. 2011

H. Schöffling. Vom Urknall bis zur Rebe. Chronik der Weinbruderschaft M-S-R. 2011

LEO BLUM
Ökonomierat und Präsident des Bauern- und Winzerverbandes Rheinland-Nassau, e.V., Koblenz

Die Weinbaukultur prägt an der Mosel die Landschaft und verleiht ihr den unverwechselbaren Charakter von Wildheit und Lieblichkeit zugleich. Besonders eindrucksvoll ist beispielsweise der „warme Berg" (calidus mons), der Calmont bei
Bremm, der mit 65° den steilsten Weinberg Europas darstellt.

Heute werden an der Mosel etwa 8.600 ha Rebflächen bearbeitet und etwa 16.000
Männer und Frauen helfen - vom Winzer bis zum Erntehelfer -, um einzigartigen
Wein zu erzeugen. Etwa 2,6 ha bewirtschaftet ein Betrieb im Durchschnitt - das ist
gemessen an anderen Weinbauregionen wie Rheinhessen oder Pfalz nicht viel.

Wenn im Steilhang Weinberge nicht mehr bewirtschaftet werden, siedelt sich letzt-
endlich Buschwerk an und die Terrassen wachsen zu und verfallen. Doch die Winzer
arbeiten intensiv daran, diese weltweit einzigartige Kulturlandschaft zu bewahren.
Nur der Genuss der köstlichen Steillagenweine kann diese mühevolle Arbeit honorie-
ren. Exzellent ausgebildete Winzer bereiten diese Weine, in denen man erspüren
kann, was das Moseltal so attraktiv macht: Sonne, mediterranes Klima, Vielfalt ...
und das Einzigartige, das nur liebevoll Handverlesenes bietet. Ich bin davon
überzeugt, dass mit dieser Weinbaukultur auch der Charakter des Moseltals erhalten
bleibt.

ROBERT LOSCHEIDER
Historiker, mit Moseluferwasserfiltrat getauft (mit einem selbstironischen Augenzwinkern), Leiwen

Apropos Mosella: Mosella bedeutet „die kleine Maas". Sie hat ihren Namen von der
großen Maas (lat. Mosa) weiter westlich. Doch wussten Sie, dass Mosella ein Mann
ist? Die lateinische Sprache ist gnadenlos: Flussnamen sind aus Prinzip männlich.
Später hat sich dann die Bevölkerung auf beiden Seiten der Sprachgrenze über diese
Regel hinweggesetzt. So wurde Mosel/Moselle als durchaus weiblich wahrgenommen
und benannt, und dabei ist es dann geblieben.

DR. AXEL SCHMIDT

SDG Nord, Obere Landespflegebehörde, Entomologe (Insektenkundler), Koblenz

Ist die deutsche Mosel ein eigenes Ökosystem?

Nein, nicht im eigentlichen Sinne. Es bestehen enge Verbindungen zu den übrigen Tal-
systemen im nördlichen Rheinland-Pfalz, insbesondere zu Mittelrhein, unterer Ahr,
unterer Lahn und unterer Nahe. Man kann diese fünf zusammenhängenden Talsysteme
aufgrund ihrer Gemeinsamkeiten „Weinbauklima" und ihrer „canyonartigen Struktur"
mit Steilhängen und geringer Talbreite („Durchbruchstäler") als ein großes zusammenhängendes Ökosystem ansehen.

Unterscheiden Sie verschiedene „Großräume" darin?

Man kann folgende Bereiche innerhalb des Talraumes unterscheiden:

- Fluss selbst mit Uferbereichen
- Obst- und Gartenbauflächen im Talgrund
- Südlich exponierte Steillagen mit Weinbau
- Nördlich exponierte Steillagen mit Niederwaldbeständen
- Magere Rasenflächen im Bereich der oberen Hangzone
  (frühere Gemeinde - Viehweiden, „Allmende")

Diese Bereiche ziehen sich als langgestreckte Räume entlang der gesamten
Durchbruchstäler hin.

Welche Arten definieren dieses Ökosystem Mosel, unterscheiden es von Eifel und Hunsrück?

Im Gegensatz zu den Hochlagen der Mittelgebirge kommen auf Grund der
Klimagunst des Raumes („Weinbauklima") in den Durchbruchstälern vor allem
wärme- und trockenheitsliebende („xerothermophile") Organismen vor, deren eigentliche Heimat und Hauptverbreitung im Mittelmeergebiet liegt. Dazu zählen Pflanzen
wie der Französische Ahorn (Acer monspessulanum) oder der Buxbaum (Buxus
sempervirens) und Tiere wie Westliche Smaragdeidechse (Lacerta bilineata),
Steppen-Sattelschrecke (Ephippiger ephippiger), Segelfalter (Iphiclides podalirius)
oder Schwarzer Bär (Nachtfalter, Arctia villica).

*Wie gelangen Arten wie Apollofalter, der „Winninger Drachen", Smaragdeidechse ...
und andere, eher mediterrane, in Deutschland seltene Arten hierher?*

Während der Eiszeiten flüchteten die meisten mitteleuropäischen Tierarten nach
Süden und überdauerten die Kälteperioden in sogenannten „Refugien" im westlichen
und östlichen Mittelmeergebiet. Nach dem Zurückweichen des Eises und der zunehmenden Erwärmung unseres Gebietes, kehrten viele Organismen wieder hierher
zurück, besonders in Bereiche mit trocken-warmem Klima ähnlich dem des Mittel-

meergebietes. Dabei folgten sie insbesondere den großen (meist warmen) Flusstälern Mosel, Rhein (über die sogenannte „Burgundische Pforte" und die Oberrheinische Tiefebene) und Donau-Main.

Mit der zunehmenden Erwärmung der letzten Jahrzehnte gelangen auch heute wieder südlich verbreitete Arten bis in unsere Region.

Werden diese seltenen Arten durch den Weinanbau gestört?

In den 60er und 70er Jahren, als im Steillagen-Weinbau verbreitet Pflanzenschutzmittel (insbesondere Insektizide, die für alle Insekten gefährlich waren, nicht nur für die Schädlinge!) eingesetzt wurden, hatte diese Form des Weinbaus starke negative Auswirkungen auf Fauna und Flora. So war um 1980 von einstmals über dreißig Flugplätzen des Moselapollos nur noch knapp die Hälfte existent! Seitdem – nicht zuletzt durch die Zusammenarbeit der Winzer mit dem Naturschutz – nur noch Fungizide (gegen Pilze) gezielt Anwendung finden, hat sich die Population des Apollofalters deutlich erholt. Über 25 Flugplätze sind inzwischen wieder besiedelt!

Heute hat der Steillagen-Weinbau auch positive Auswirkungen auf die heimische Tier- und Pflanzenwelt. Durch die offenen Schieferböden der Terrassen trägt er zur Erhaltung des warmen Kleinklimas bei und die gesetzten Weinbergsmauern sind ideale Lebensräume für vielerlei Kleintiere wie Eidechsen und Insekten.

Wenn Sie die Augen schließen und den Begriff „Mosel" hören, was kommt Ihnen in den Sinn?

Eine Flasche eines schönen halbtrockenen Rieslings mit dem Apollofalter auf dem Etikett, das mir zeigt, dass Kulturlandschaft und Naturschutz durchaus miteinander vereinbar sind, wenn alle Beteiligten an einem Strang ziehen.

Wie wünschen Sie sich die Mosel in 20 Jahren?

Ich hoffe und wünsche mir, dass das Moseltal (und die schon genannten Täler im Rheinischen Schiefergebirge) als landschaftlich reizvolle vielfältige Kultur– und Naturlandschaft erhalten bleibt und nicht, wie so viele andere Täler, in einen Dornröschenschlaf fällt!

Apollofalter

PROF. DR. RUTH FLEUCHAUS

Studiengang Weinbetriebswirtschaft, Hochschule Heilbronn, Heilbronn

An der Mosel wird seit zwei Jahrtausenden Wein angebaut. Was sagen Sie als Mit-Initiatorin des Deutschen Institutes für Nachhaltige Entwicklung e.V. (DINE e.V.) dazu?

Der Weinbau an der Mosel hat eine lange Tradition und weist auch international eine sehr hohe Bekanntheit auf. Aufgrund dieser Tradition verbinden Menschen über die Grenzen Deutschlands hinaus Weinbau und Wein mit dem Begriff ‚Mosel'. Dabei ist auch zu sagen, dass die Wahrnehmung insbesondere für die Leitrebsorte Riesling und die typischen Geschmackseigenschaften der Moselweine steht. Die durch Steillagen geprägten Weinberge entlang der Moselufer stellen ein einzigartiges Landschaftsbild dar, die in ihrer Attraktivität weit über den reinen Standort einer Rebe hinausgehen. Das abwechslungsreiche Landschaftsbild bedeutet nicht nur Attraktivität für Touristen, sondern bildet auch einen vielschichtigen Lebensraum für viele Tier- und Pflanzenarten. Nachhaltigkeit bezieht über eine umweltbezogene Sicht hinaus auch sozial und eben langfristige ökonomische Aspekte mit ein. In letzterem Punkt sieht sich der Moselweinbau verschiedenen Gefährdungen gegenüber, die sich aus der kostenintensiven Bewirtschaftung der Steillage, den globalisierten Märkten und dem allgemeinen Preisdruck auf dem Weinmarkt ergeben.

Was bedeutet Steillagenweinbau aus ökonomischer Sicht?

Der Steillagenweinbau in Deutschland nimmt an der Gesamtrebfläche eine eher untergeordnete Rolle ein. An der Mosel sind knapp die Hälfte der Rebflächen Steillagen. Dies bringt überaus hohe Anstrengungen mit sich - höhere Produktionskosten sind die logische Konsequenz. Somit steht der Steillagenweinbau zwischen zwei gegenläufigen Problemstellungen, die in hohen und steigenden Produktionskosten auf der einen Seite und einem geringen Durchschnittserlös für Wein am Markt auf der anderen Seite liegen. Erst wenn ein Betrieb seine Kosten deckt und die Weine gewinnbringend vermarktet, kann er langfristig bestehen und damit nachhaltig sein. Dazu braucht es neben dem Einsatz neuer Techniken zur Kostenreduktion zwingend Konzepte, die es Steillagenwinzern ermöglichen, höhere Erlöse für ihre Weine zu erzielen. Die klare und für Kunden prägnante Profilierung der Steillage ist hier eine Grundvoraussetzung.

Die Mosel ist ein Weinanbaugebiet mit relativ kleinen Betrieben. Was sagen Sie dazu als Ökonomin? Wenn Sie die Nachhaltigkeit eines Betriebes untersuchen, beobachten Sie auch den Einsatz der Arbeitskräfte. Welche Unterschiede gibt es hier zwischen Ländern?

Die durchschnittliche Betriebsgröße an der Mosel ist mit rund drei Hektar pro Betrieb im Vergleich zu anderen rheinland-pfälzischen Gebieten wie bspw. Rheinhessen (ca. 9 ha/Betrieb) oder Pfalz (ca. 8 ha/Betrieb) vergleichsweise klein. Im

Bremmer Calmont

internationalen Vergleich weisen die Betriebe um ein Vielfaches höhere durchschnittliche Betriebsgrößen aus, wie das Beispiel von Australien mit rund 76 ha je Betrieb verdeutlicht. Kleine Betriebe haben aus ökonomischer Sicht gegenüber großen Betrieben das Problem der geringeren Fixkostenverteilung. Die Produktionskosten liegen dadurch in kleineren Betrieben automatisch höher. Die Lösung dessen kann zum einen in der Konsolidierung und damit dem Wachsen einzelner Betriebe liegen. Zum anderen können bei fortgeführter Eigenständigkeit der kleinen Betriebe die gemeinsame Nutzung von Maschinen und Einrichtungen mit anderen Kollegen oder die Beauftragung von Dienstleistern für einzelne Arbeitsschritte zielführend sein. Wenn eine Steillage bewirtschaftet wird, erhöhen sich natürlich auch die benötigten Arbeitsstunden. Diese liegen je nach Mechanisierungsgrad doppelt (bei Querterrassierung) oder viermal (bei Pfahlerziehung) so hoch wie in Flachlagen mit Maschinenlese. Bei der Nachhaltigkeitsbetrachtung fließt aber nicht die Anzahl der eingesetzten Arbeitskräfte ein. Es geht eher um die Themen der fairen Behandlung und angemessenen Bezahlung der Arbeitskräfte, womit bspw. auch die Umsatzproduktivität pro Arbeitskraft einhergeht.

Im vergangenen Jahr sprachen junge engagierte Bierbrauer während Ihres Weinmarketingtages vom „Deutschen Weinwunder". Geben Sie den jungen Brauern recht?

Wir sehen in der deutschen Weinwirtschaft einige Betriebe, die durch innovative Konzepte eine gewisse Aufbruchsstimmung verbreiten. Dies sind einzelne Betriebe, die sich von den traditionellen und teilweise eingestaubten Pfaden verabschiedet haben und ihren eigenen Stil, ihre eigene Identität entwickelt haben. Sie orientieren sich am Kunden, hinterfragen, was dessen Bedürfnisse sind und orientieren sich daran. Wir sprechen hier von Betrieben, die sich selbst als Marke verstehen und zu einer verlässlichen Anlaufstelle für den Verbraucher geworden sind. Hier stimmt sowohl das Produkt als auch der Auftritt – insbesondere weil das Produkt Wein hier wieder Spaß machen darf und nicht nur verkrampft degustiert und mit hunderten Aromen beschrieben werden muss. Solche Ansätze bauen Barrieren für den Verbraucher ab.

Erinnern Sie sich an Ihren ersten Moselwein?

Mein erster Moselwein - oder erstes Moselerlebnis könnte man es treffender nennen - geschah mir im Bremmer Calmont, der wohl berühmtesten Lage an der Mosel. Ich half einem Studienkollegen bei der Weinlese, natürlich ein Riesling. Dass diese wunderschöne Steillage so ihre Tücken hat, konnte ich mir als selbst in badischen Steillagen aufgewachsene Winzerin schon denken; als mein Leseeimer sich allerdings den Hang hinab verabschiedete, wusste ich endgültig, was es heißt, Steillagenweinbau an der Mosel zu betreiben. Wenngleich ich sagen muss, dass der Wein letzten Endes hervorragend schmeckte und ich mich gern an dieses Erlebnis zurückerinnere.

Wenn Sie die Augen schließen und den Begriff „Mosel" hören, was kommt Ihnen in den Sinn?

Riesling – das geht wahrscheinlich nicht nur mir so. Und es läuft mir das Wasser im Munde zusammen.

Wie wünschen Sie sich die Mosel in 20 Jahren?

Ich wünsche mir vor allem, dass es den Moselwinzern und ihren Betrieben gut geht, dass es ihnen gelingt, langfristig und erfolgreich ihre Weine zu einem guten Preis zu vermarkten – einem Preis, der Weinbau an der Mosel ermöglicht und die Bewirtschaftung der großartigen Kulturlandschaft sicherstellt. Hierzu müssen vor dem Hintergrund eines globalen Weinmarktes und sich verändernden Konsumenten-anforderungen noch einige Schritte in einem kontinuierlichen Prozess getan werden. Die Moselwinzer müssen sich weiterhin den Konsumenten zuwenden, ihre Bedürfnisse verstehen und dahingehend das wertsteigernde Profil der Mosel stärken und vor allem auch kundtun. Wenn dies langfristig gelingt, wird auch Weinbau an der Mosel langfristig möglich sein. Und dann freue ich mich auf eine Moselfahrt mit Blick auf die bewirtschafteten Steillagen entlang der Ufer.

Blick vom Bremmer Calmont

ANSGAR SCHMITZ

Moselwein e.V., Trier

Der erste Blick von den Höhen ins Tal ist für Gäste aus aller Welt immer ein Aha-Erlebnis. Wenn ein routinierter Weinjournalist, der schon viel von der Weinwelt gesehen hat, nach dem Aufstieg in den Steilhang beim ersten Panorama-Ausblick in die Weinlandschaft einen Jubelschrei ausstößt und ruft „Wow, [...] Ist das schön hier!", dann teile ich diese Freude aus ganzem Herzen. So geht es mir auch noch beim hundertsten und tausendsten Gang auf einem Klettersteig oder Weinbergsweg. Ich entdecke immer noch Neues und mit jeder Jahreszeit ändert sich auch die Perspektive.

Wenn wir mit einem Glas Riesling an einem schönen Aussichtspunkt sitzen, ist das ein fast zeitloser Genuss: Unten im Tal ziehen Schiffe, Autos, Radfahrer vorbei, aber hier oben ist keine Hektik, nur Ruhe und Riesling. Am besten schmeckt dann ein Wein aus dem Weinberg, in dem man gerade ist. Auf dem Boden den Wein genießen, auf dem er gewachsen ist, das ist schon etwas Besonderes. Und es fällt schwer, sich wieder auf den Weg und den Abstieg zu machen. Zum Glück lockt die Aussicht auf eine Einkehr in einem schönen Winzerhof oder die Restaurantterrasse bei Riesling, Elbling und regionaler Küche: Schoales, Krewes oder Teerdisch, Moselzander, Bachforelle, Tafelspitz, Räucherschinken, Lammrücken und Wildschweinbraten aus Eifel und Hunsrück, Desserts mit Mosel-Weinbergspfirsich oder Weincreme. Von der Winzervesper bis zum Gourmetmenü bieten unsere Winzer und Gastgeber für jede Gelegenheit und jeden Gaumen etwas.

In aller Welt schätzen Genießer Moselweine als vielseitige Speisebegleiter. Einfach ausprobieren. Einen besonderen Kick gibt der Griff in die historische Rezeptkiste der Mosel-Küche: Antike Rezepte der Römer, modern interpretiert mit besten regionalen Zutaten und begleitet von charakteristischen Weinen – das ist eines der faszinierendsten Gaumenerlebnisse, die sich an der Mosel bieten.

Grenzenloses Genießen hat an der Mosel Tradition. In Trier wurden Austernschalen aus Römertagen gefunden. Die Römer haben uns vieles gebracht, was bis heute fester und selbstverständlicher Bestandteil unserer Kultur und Küche ist. Der Blick zurück ist da gleichzeitig auch ein Blick nach vorn.

DR. STEPHAN ACKERMANN

Bischof von Trier

Wenn ich Mosel höre, sehe ich vor mir die wunderbare Verbindung von Natur und
Kultur, die die Mosellandschaft prägt. Ich denke an die Menschen, die an den Ufern
der Mosel wohnen: ihre Bodenständigkeit, ihre Gelassenheit und Heimatliebe.
Wenn ich Mosel trinke – und das heißt für mich Riesling -, dann schmecke ich im
Nuancenreichtum des Weines die Vielfalt der Mosellandschaft. Zugleich denke ich
mit Respekt an die viele Arbeit, die in einer Flasche Moselwein steckt.

Dom, Trier

PROF. DR. W. A. EULER

Vorsitzender des Wissenschaftlichen Beirates der Cusanus-Gesellschaft, Trier

Wer war Nikolaus von Kues (Cusanus)?

Der große Theologe und Philosoph Nikolaus von Kues wurde 1401 in Bernkastel-Kues geboren. Er war ein außergewöhnlicher Denker, einer der größten Deutschen in der Übergangszeit vom Mittelalter zur Neuzeit. Seine Studien in Heidelberg, Padua und Köln umfassten kirchliches und weltliches Recht, Philosophie, die Heilige Schrift, die Bücher der Kirchenväter, Geografie, Medizin und Astronomie.

Nikolaus von Kues gehörte zu den führenden Persönlichkeiten von Kirche und Reich, sein Kampf galt der Vereinigung der griechischen mit der lateinischen Kirche auf den Reichs- und Fürstentagen. Er war Kardinal und Bischof von Brixen/Tirol. Ab 1459 war er Generalvikar in Rom. 1464 stirbt er in Todi in Umbrien.

Seine moselländische Heimat hat er nie vergessen. Zusammen mit seinen Geschwistern schenkte er Bernkastel-Kues das St. Nikolaus-Hospital, ein Heim für notleidende Menschen. Seit über 500 Jahren erfüllt dieses Hospital diese Aufgabe bis heute.

Was ist an dem Werdegang dieses geistlichen Universalgelehrten so außergewöhnlich?

Nikolaus von Kues gelangte als Sohn eines wohlhabenden Bürgers in Positionen (Kardinal und Fürstbischof), die im Spätmittelalter normalerweise Angehörigen des Adels vorbehalten waren. Darin dokumentiert sich, dass er seine Karriere nicht der Herkunft aus einer noblen Familie, sondern seinem unermüdlichen Einsatz für die Kirche und die Gesellschaft verdankte. Trotz seines intensiven kirchenpolitischen Engagements fand Cusanus Zeit, sich mit den Wissenschaften, insbesondere der Theologie und der Philosophie, auf höchstem Niveau zu beschäftigen. Er gehört zu den ganz wenigen Denkern der europäischen Geistesgeschichte, die das Zeitgeschehen nicht nur kommentiert und interpretiert, sondern zugleich aktiv mitgestaltet haben.

Was waren seine Hauptwirkungsstätten?

Die Jugend verbrachte Cusanus an der Mosel. 1416 ging er zum Studium nach Heidelberg, ein Jahr später dann nach Padua. Dort blieb er bis 1423. Anschließend kehrte er nach Deutschland zurück und war längere Zeit in Köln. In den 1430er Jahren pendelte er zwischen seinem Wohnort Koblenz und dem Konzilsort Basel. 1437 schickte ihn der Papst nach Konstantinopel, anschließend war er schwerpunktmäßig in Deutschland im Auftrag des Papstes tätig. Nach der großen Legationsreise durch das Deutsche Reich (1451/52) trat Cusanus sein Amt als Bischof von Brixen an. Dort lebte er bis 1458, die letzten Jahre seines Lebens verbrachte er in Rom.

Wie waren seine Beziehungen zu den Päpsten?

Der erste Papst, mit dem Nikolaus von Kues in eine engere Beziehung trat, war Eugen IV. (1431-1447). Eugen kämpfte mit dem Basler Konzil um die Vorherrschaft innerhalb der Kirche. Cusanus gehörte zunächst zur Konzilspartei, wandte sich aber 1437 dem Papst zu. Er unterstützte das Bemühen von Eugen IV., eine Vereinigung der lateinischen mit der griechischen Kirche herbeizuführen. Bereits 1446 ernannte Papst Eugen Cusanus zum Kardinal in petto, d.h. ohne öffentliche Verkündigung. Nikolaus V. (1447-1455) stand Cusanus als Freund der Wissenschaften nahe und förderte ihn in vielfältiger Weise. Er ernannte Cusanus offiziell zum Kardinal und zum Fürstbischof von Brixen. Calixtus III. (1455-1458), das erste Mitglied der Familie Borgia auf dem Papstthron, hatte keine besondere Beziehung zu Cusanus. Pius II. (1458-1464) kannte Cusanus seit der Zeit des Basler Konzils. Obwohl charakterlich sehr verschieden, schätzten sich die beiden sehr und arbeiteten an der Kurie eng zusammen.

Wie war sein Einfluss auf die Kirche und deren drohende Spaltung? War er ein früher Reformator?

Cusanus bemühte sich zeitlebens um die Reform der Kirche, ein Thema, das im Spätmittelalter in aller Munde war und die bedeutendsten Persönlichkeiten der Epoche intensiv beschäftigte. Sein Reformansatz ist allerdings grundlegend verschieden von demjenigen der Reformatoren des 16. Jahrhunderts, z.B. Martin Luther. Cusanus ist ein ausgesprochen konservativer Reformer, für ihn bedeutet Kirchenreform Rückkehr zu den ursprünglichen Idealen der Kirche, von denen die Menschen im Laufe der Zeit immer wieder abweichen. Deshalb plädierte er auch nicht für die Abschaffung der Klöster, sondern er forderte im Gegenteil eine strenge Einhaltung der monastischen Regeln, deren Aufweichung für ihn Ausdruck von Verfall war.

Wie kam sein soziales Erbe in Kues an der Mosel über die Jahrhunderte zur Geltung?

Dass das St. Nikolaus-Hospital noch heute existiert und immer noch den ursprünglichen Stiftungszweck als Alten- und Pflegeheim erfüllen kann, hängt wesentlich damit zusammen, dass Cusanus als gewiefter Kirchenjurist dem Hospital eine Satzung gegeben hat, die dessen Unabhängigkeit über die Jahrhunderte hinweg sicherte. Ursprünglich nahm das Hospital nur Männer von über 50 Jahren auf (6 Geistliche, 6 verarmte Adlige, 21 bürgerliche Personen). Dieser Vorbehalt wurde natürlich in der Zwischenzeit aufgegeben, das Hospital steht beiden Geschlechtern offen.

Wodurch wächst das weltweite Interesse an Nikolaus von Kues?

Zu Beginn des 20. Jahrhunderts setzte eine Cusanus-Renaissance ein. Seine Werke wurden von der Heidelberger Akademie der Wissenschaften nach höchsten philologischen Standards ediert und so der weltweiten Forschung in mustergültiger Weise zugänglich gemacht. Mittlerweile gilt Cusanus allgemein als der bedeutendste Philosoph des 15. Jahrhunderts. Er findet Anerkennung sowohl als Denker des Spätmittelalters als auch der Renaissance. Die Zahl der Publikationen, die sich weltweit mit seinen Ideen beschäftigen, wächst ständig. Sie ist mittlerweile kaum mehr überschaubar. 1960 kam es zur Gründung einer deutschen Cusanus-Gesellschaft in Bernkastel-Kues, später folgten ähnliche Gesellschaften bzw. Studienzentren in Japan, den USA, Argentinien, den Niederlanden, Russland und Italien.

Welche Gedanken von Nikolaus von Kues sind auch für die heutige Zeit aktuell?

Die Bedeutung des cusanischen Denkens für die Gegenwart ist noch längst nicht vollständig erfasst. Hochaktuell ist sicherlich sein Verständnis der Philosophie als ständigem Streben nach der Einsicht in die verborgene Einheit der Wirklichkeit. Auch in Hinblick auf die Frage der Verständigung der Religionen bietet Cusanus in der Schrift „De pace fidei" eine Antwort, die heute noch anregend ist und weltweit rezipiert wird. Sein Begriff der Mystik als Suche nach der Gegenwart Gottes mit Hilfe von Symbolen ist besonders attraktiv für die Menschen unserer Zeit. Er verbindet Menschen miteinander, die vor dem Hintergrund unterschiedlicher religiöser und kultureller Prägungen die Gottesfrage thematisieren.

Geburtshaus Nikolaus von Kues, Bernkastel-Kues

MARGRET DIETZEN

Museumspädagogin im Museum Karl-Marx-Haus, Trier

Wer war Karl Marx?

Karl Marx wurde 1818 in Trier geboren und starb 1883 in London. Zusammen mit Friedrich Engels wurde er zum einflussreichsten Theoretiker des Sozialismus und Kommunismus. In seinem Geburtshaus in Trier ist seit 1947 ein Museum eingerichtet.

Woher kommen die Besucher des Karl-Marx-Hauses?

Rund 60 Prozent unserer Besucher kommen aus dem Ausland - wie wir nach Auswertung einiger Gästebücher erfahren haben - aus über 50 Ländern. Der Anteil der chinesischen Gäste liegt übrigens bei 25 Prozent.

Wie viele Menschen besuchen das Haus jährlich?

In den letzten sechs Jahren ist festzustellen, dass die Besucherzahl konstant bei ca. 40.000 Besucher liegt.

Hat sich Karl Marx zum Moselwein geäußert?

Wegen der Bedeutung der damaligen Situation des Moselweinbaus für Marx' Wirken haben wir ein Handout zu dem Thema aufgelegt. Darin heißt es:

Am 12. November 1866 schrieb Karl Marx an den Schwiegervater seiner Tochter Laura, François Lafargue, der ihm zur Genesung eine Sendung Bordeaux-Wein nach London geschickt hatte: „Ich danke Ihnen herzlich für den Wein. Da ich aus einer Weingegend stamme und Ex-Weinbergbesitzer bin, weiß ich den Wert des Weins sehr wohl zu schätzen. Ich denke sogar selbst ein bißchen wie der alte Luther, daß ein Mann, der den Wein nicht liebt, niemals etwas Rechtes zustande bringt. (Keine Regel ohne Ausnahme.)"

Marx' Eltern Heinrich und Henriette hatten in den 20er und 30er Jahren des 19. Jahrhunderts mehrere Parzellen eines Weinbergs in Mertesdorf an der Ruwer erworben. Zur damaligen Zeit war es üblich, dass bürgerliche Trierer Familien einen Weinberg besaßen, den sie für den Eigenbedarf bewirtschaften ließen und als Geldanlage bzw. Altersversorgung betrachteten. 1859 wurde der „Grünhäuser Weinberg" verkauft. Karl Marx schrieb 1863, es seien noch fünf Fuder Wein von 1858 vorhanden.

Für den Weinbau an der Mosel und ihren Nebenflüssen schien nach dem Wiener Kongress von 1815 eine Blütezeit anzubrechen, da das Gebiet nun zu Preußen gehörte und die dortige Zollgesetzgebung dem Moselwein zunächst zu einer Monopolstellung auf dem preußischen Markt verhalf. Das begünstigte die Weinerzeugung. Die Konkurrenz süddeutscher Weine, nach der Einrichtung des deutschen Zollvereins 1834, führte jedoch zum Preisverfall der Moselweine. Eine für den Weinbau an der Mosel schädliche Steuerpolitik sowie mehrere Missernten durch Unwetter und Schädlingsbefall kamen hinzu, so dass die Moselwinzer Mitte des 19. Jahrhunderts in eine elende Lage gerieten. Diese Not der Weinbauern ist einer der Gründe für Karl Marx gewesen, sich mit wirtschaftlichen Fragen zu beschäftigen. Anfang der 1840er Jahre berichtete Marx ausführlich in der in Köln erschienenen „Rheinischen Zeitung" über die Notlage der Moselwinzer und die fehlende staatliche Hilfe. Diese Artikel erregten in Preußen großes Aufsehen und führten zu Schwierigkeiten mit der staatlichen Pressezensur.

Wenn Sie die Augen schließen und den Begriff „Mosel" hören, was kommt Ihnen in den Sinn?

„Riesling" - das ist meine persönliche Assoziation. Und Riesling steht ja für Qualität und Zeitlosigkeit. Es ist schön, dass gerade junge Winzer von der Mosel viele Erfolge in den letzten Jahren mit dieser „alten" und für die Mosel typischen Rebsorte feiern!

Wie wünschen Sie sich die Mosel in 20 Jahren?

Hoffentlich kommt es nicht zur Verdrängung des schon genannten Rieslings aufgrund klimatischer Veränderungen, die uns ja eventuell drohen!

Geburtshaus Karl Marx, Trier

PROF. MARIE-LUISE NIEWODNICZANSKA

Architektin und Baudenkmalpflegerin, Bitburg

Was unterscheidet die Dörfer längs der Mosel von den Dörfern der Eifel oder des Hunsrücks?

Die landschaftlichen und wirtschaftlichen Gegebenheiten beeinflussen weitgehend die regionale Bauweise, doch auch Form und Gestalt der Dorfgrundrisse. Die Uferpartien der Mosel waren schmal infolge der vorwiegenden Enge des Tals an den zum Hunsrück und zur Eifel ansteigenden Bergen. Die Häuser waren gezwungen, dem Mosellauf in einem langen schmalen Streifen in verdichteter Bauweise zu folgen. Hinzu kamen die regelmäßigen Überschwemmungen der Mosel, denen man versuchte auszuweichen, indem die Häuser nie direkt in Flussnähe errichtet wurden. Im Gegensatz zu den Haufendörfern im Hunsrück und in der Eifel, die auf Grund der Stallungen und Wirtschaftsbauten oft weitständiger sind und genug Platz haben, herrscht bei den Moseldörfern eine stark verdichtete Bebauung vor. Für größere Straßenerweiterungen, kleine und größere Plätze, welche die innerdörflichen Räume so bereichern, fehlte in den Moseldörfern ganz einfach der Platz.

Welche Bauweise ist in den Moseldörfern typisch?

Hochwasser und Platznot bestimmten auch die Bauweise. Im Gebiet der Mittel- und Untermosel herrschte vom 15. bis 18. Jh. die Fachwerkbauweise vor, während an der Obermosel die Steinbauweise dominiert. Hier treffen wir auf das quererschlossene sog. Triererhaus, das wir aus den Eifeldörfern kennen. Fachwerkhäuser waren preiswerter in der Herstellung. Die über Jahrhunderte betriebene Monokultur des Weinanbaus bestimmte ebenfalls die Bauweise der Moselhäuser. Es überwiegen die Hausformen, die alle Wirtschafts- und Wohnfunktionen unter einem Dach zusammenfassen. Diese ökonomisch-sparsame Bauweise hängt mit dem Anliegen zusammen, möglichst wenig Bauland zu verbrauchen. Man bevorzugte auf den schmalen Parzellen vorne das Wohnhaus, mit einer hohen Flurküche in Massivbauweise und dem Obergeschoss in Fachwerk und dahinter, etwas höher im Hang gelegen, das sog. Hinter- oder Kelterhaus, dessen Obergeschoss bewohnt war. Die hohe Flurküche war bei Hochwasser rasch ausgeräumt. Manche Kelterräume waren auch in das Wohnhaus integriert und befanden sich direkt neben der hohen Flurküche. Bis heute liegen die schönsten Häuser der früher wohlhabenden Winzer im Bereich des alten Ortskerns.

Die alten Fachwerkhäuser an der Mosel sind handwerklich und gestalterisch von einer außergewöhnlichen Schönheit und Originalität. Sie zeugen von hohem handwerklichen Können und Geschick. Die Moselwinzer waren in den vier Jahrhunderten ihrer Entstehungszeit 1400 - 1800, nicht nur vergleichsweise wohlhabend, sondern auch weit herum gekommen, da sie schon damals ihren Wein nicht nur vor der Haustüre verkauften. Die Handwerker waren begabt, gut ausgebildet und innovativ.

Was ist typisch am äußeren Erscheinungsbild der Fachwerkhäuser an der Mosel?

Das äußere Erscheinungsbild der meist giebelständig ausgerichteten Fachwerkhäuser an der Mosel ist sehr aufwendig gestaltet. Die Verstrebungen der Fachwerkstockwerke, die oft vorkragen, erfüllen neben der statischen Funktion vor allem eine wichtige dekorative Aufgabe. Typisch ist die enge Ständerstellung, die dekorativ und statisch wirksamen Strebefiguren, die an den Mittel- und Eckständern verwendet werden und oft eine Mittelachse bilden, die sich ellipsoid bis in den First erstreckt. Die Brüstungs-zonen unterhalb der Fenster werden ausgenutzt, um das Schöne mit dem Nützlichen zu verbinden, d.h. die statische Anforderung mit dem Dekorativen. Die aneinander gesetzten bunten Diagonalhölzer mit den vielfach variierten Andreaskreuzen zeigen in ihrer kunstvollen Ausführung immer neue Formen. Eine Sonderform ist auch der an der Unter- und Mittelmosel gern genutzte Schwebegiebel. Dies ist ein Freigespärre als Wetterschutz vor dem Giebeldreieck des Firstes. Es verschönt sehr die Fassade und ist an der Mosel einmalig. Diese wunderbare Fachwerkbauweise gibt es nur an der Mosel.

Ediger

Wenn Sie die Augen schließen und den Begriff „Mosel" hören, was kommt Ihnen in den Sinn?

Wenn ich an die Mosel denke, so sehe ich als erstes, verliebt in die Altbausubstanz, die sehr regionalgebundenen einmaligen Fachwerkhäuser vor mir, welche im 17. und 18.Jh. die meist weitgereisten und oft auch recht wohlhabenden Winzer errichtet haben, sowie die zwischen den steilen Weinbergen und dem sanften Flusslauf eingezwängten Dörfer. Dazu kommt natürlich ein Glas Riesling von den Steilhängen, welche den Besitzern auch heute noch so viel schwere Handarbeit abverlangen. Wenn ich an die Mosel denke, dann sehe ich die harte Arbeit der Winzer vor mir, die Jahr für Jahr den positiven oder negativen Wettereinflüssen völlig ausgesetzt sind.

Denke ich an die Mosel, dann sehe ich, längs der Uferstraße fahrend, diese einmalig schöne Landschaft vor mir, die in der Sonne glitzernde Mosel, die dank ihrer Windungen immer wieder neue Eindrücke hinterläßt.

Wie wünschen Sie sich die Mosel in 20 Jahren?

Mein großer Wunsch ist der, dass, stärker als bisher, das regionale Gesicht der Moseldörfer, das so einmalig und typisch ist und sich in den außergewöhnlich schönen Fachwerkwinzerhäusern widerspiegelt, bewahrt bleibt, wo immer dies möglich ist.

Ein gutes regionaltypisches Ortsbild stärkt nicht nur den Gemeinschaftssinn und Stolz der Dorfbevölkerung auf ihr Dorf, sondern hat auch wachsenden Einfluss auf den Beliebtheitsgrad als Fremdenverkehrsort. Der gebildete, neugierige Tourist sucht das für die Region Typische, mit der Geschichte Verflochtene. Besonders schöne Fachwerkhäuser finden sich in Briedel, Pünderich, Ernst, Zell, Bruttig, St. Aldegund, Ürzig, Bernkastel-Kues, Brauneberg, Bruch, Ediger-Eller, Alf, um nur einige wenige Moseldörfer zu nennen.

Fachwerk, Bernkastel-Kues

GREGOR EIBES

Landrat, Vorsitzender der Regionalinitiative Mosel,
Aufsichtsratsvorsitzender der Mosellandtouristik

Sind Sie Moselaner?

Nein, ich bin Hunsrücker. Aber als Hunsrücker und damit Nachbar der Mosel hege ich große Sympathien für die Moselaner. Ich bin ein absoluter Moselfan.

Was zeichnet einen Moselaner aus?

Die Moselaner sind besonders lebensfrohe, liebenswerte, fleißige, kreative und sehr gastfreundliche Menschen. Diese herzliche Gastfreundschaft genießen jährlich zwei Millionen Gäste, die den Moselanern rund sechs Millionen Übernachtungen bescheren und die Mosel damit zum touristischen Spitzenreiter in Rheinland-Pfalz machen. Ihren Fleiß und ihre Kreativität stellen die Moselaner insbesondere auch im Weinbau unter Beweis. Moselwinzer sind besondere Kenner und Könner ihres Fachs. In den Steillagen mit ihren Terrassen ernten sie in mühevoller Handarbeit die Trauben, aus denen sie in ihren Kellern internationale Spitzenweine kreieren. Der italienische Weinbauprofessor Mario Fregoni sagte einmal anerkennend „Steillagenwinzer sind besondere Helden" und das trifft in hohem Maße auf die Moselwinzer zu.

Wie schmeckt der „Mosel"?

Rassig, frisch, vollmundig, feinfruchtig, mineralisch und elegant – so vielseitig und facettenreich wie die Mosel ist, so vielseitig sind und schmecken auch die Moselweine. Mosel ist da, wo kreative Winzer, das milde Klima, die Reben und die moseltypischen Schieferböden ihr Bestes geben und damit zu den besonderen und vielseitigen Geschmackskomponenten des Moselweins beitragen.

Was ist die „Dachmarke Mosel"?

Die Dachmarke Mosel macht unser einzigartiges WeinKulturLand Mosel zur Marke Mosel. Die Dachmarke Mosel stärkt die regionale Identität an der Mosel und vernetzt die regionalen Akteure, angefangen von den Winzern und Handwerkern, über die Gastronomen und Hoteliers, den Touristikern und Kulturträgern bis hin zu den regionalen Wirtschaftsbetrieben.
Mit ihrem Markenlogo, der goldenen Moselkrone, hat sich die Dachmarke Mosel ein Erkennungszeichen mit hohem Wiedererkennungswert gegeben. Die stilisierte Krone steht für den Mosellauf und den Dreiklang aus Wein, Kultur und Tourismus. Das Mosel-Markenzeichen „Zertifizierte Qualität" ist eine wichtige Orientierungshilfe für Verbraucher und Gäste. Die zertifizierten Betriebe und Produkte stellen sich regelmäßigen Qualitätskontrollen und die Verbraucher können darauf vertrauen, dass es sich um qualitativ hochwertige Dienstleistungen und Produkte des WeinKulturLandes Mosel handelt.

Ich bin überzeugt, mit der Dachmarke Mosel erreichen wir eine noch bessere Profilierung unseres einzigartigen 2000 Jahre alten WeinKulturLandes Mosel.

Wenn Sie die Augen schließen und den Begriff Mosel hören, was kommt Ihnen in den Sinn?

Ich denke an schmucke Weindörfer und an eine der schönsten Flusslandschaften in Europa. Ich denke an ein mediterranes Lebensgefühl und vielfältige önologische und kulinarische Genüsse. Ich denke an fröhliche Weinfeste mit vielen gut gelaunten Menschen. Ich denke an hochkarätige Veranstaltungen wie das Mosel Musikfestival. Ja, wenn ich an die Mosel denke, gerate ich ins Schwärmen.

Wie wünschen Sie sich die Mosel in 20 Jahren?

Ich wünsche mir, dass die Mosel ein florierender Lebens-, Wirtschafts- und Kulturraum ist, in dem die Menschen ein starkes Wir-Gefühl leben und die Moselakteure gut vernetzt miteinander kooperieren, damit die Mosel eine Region ist und bleibt, in der es sich gut leben, arbeiten und Urlaub machen lässt.

Mosel bei Brauneberg

HERMANN LEWEN

Intendant des Mosel-Musikfestivals, Bernkastel-Kues

Seit wann gibt es das Mosel-Musikfestival?

Es gibt das Festival seit dem Jahr 1985. Es war als einmaliges Sommerfestival für die Kurgäste von Bernkastel-Kues gedacht - wir wollten die 2000-jährige Kulturlandschaft als Kulisse für hochkarätige kulturelle Veranstaltungen nutzen.
Im darauffolgenden Jahr begann das Schleswig-Holstein Musik Festival und zwei Jahre später das Rheingau Musik Festival. Heute gibt es über 300 Sommer-Festivals.

Wie ging es weiter?

Wir suchten besondere Künstler und für diese dann besondere Orte. Beispielsweise zur Wallfahrtskirche Klausen pilgern seit dem 15. Jahrhundert Menschen – ein spiritueller Ort. Die weltoffenen Bernkasteler Politiker stimmten uns zu, auch dort Konzerte stattfinden zu lassen, obwohl es einige Kilometer außerhalb der Gemeindegrenze liegt. Und so wuchs das Festival weiter - auch räumlich. Seit 5 Jahren finden die Veranstaltungen von Trier bis Koblenz statt.

Gab es Probleme?

Natürlich standen und stehen wir immer wieder vor spannenden Herausforderungen. Nicht jeder fand es gleich toll, dass wir Barockmusik unter freiem Himmel präsentieren, Händel im Innenhof - dabei hatte Händel seine Feuerwerksmusik auch auf der Themse präsentiert.

Was veränderte sich?

Alles ist im Fluss. Auch die Anforderungen an eine Kur- und Urlaubsregion ändern sich ständig. Das kulturelle Programm zählt jetzt zu den unverzichtbaren „Basics"-neben einer reizvollen Landschaft, guten Hotels und einer feinen Küche verlangen Gäste heute „geistige Nahrung". In den vergangenen 25 Jahren haben wir 1600 Konzerte an 70 Spielstätten initiiert, verführen jährlich rund 12.000 Besucher MoselWein-KulturLandschaft anders zu erleben. Inzwischen müssten das insgesamt rund 300.000 Konzerterlebnisse gewesen sein.

Wie klingt für Sie die Mosel?

Sie klingt in erster Weise fröhlich, aber auch feierlich, vielleicht am ehesten nach Hochamtsmusik. In Trier steht die älteste Kathedrale nördlich der Alpen, die Römer brachten vor zwei Jahrtausenden Christentum und Weinkultur hierher. Hier an der Mosel gibt es eine jahrtausendalte eng miteinander verwobene Geschichte von Landschaft, Kirche und Wein.
Täler klingen zudem ganz besonders, weil sie den Klang halten. In Weinlandschaften

sind die Menschen fast immer fröhlicher, leichtlebiger, es wird vielleicht auch mehr als andernorts gesungen. Man stößt auf die Gesundheit und gegenseitiges Wohlergehen an. Auch der Fluss scheint diesem vielleicht lässiger erscheinenden Lebensstil zu frönen - er mäandert so schön und erreicht doch sein Ziel.

Ist die Mosel eine „sakrale Landschaft"?

In der Tat finden rund 80 Prozent unserer Veranstaltungen in sakralen Gebäuden statt, in Kirchen, Synagogen und in Weinbergskapellen - wunderbare Orte.

Wie reagieren die Künstler auf diese Orte?

Anfangs fragten sie natürlich: Wo sollen wir hinkommen? Wir an der Mosel waren vom internationalen Konzertbetrieb abgeschnittene „Diaspora" - nicht auf ihrem Spielplan. Wir haben die Ströme der Stars dann ein wenig umgeleitet und sie kamen und kommen gerne, denn wir sind klein, fein, intim und schön. Einige kommen sogar hierher um an diesen besonderen Orten CD's einzuspielen: Gidon Kremer, Giora Feidman ... Den Klarinettisten Feidman hatte ich bei einem Frankfurter Jazz-Konzert getroffen und ihn zu einem Klassik-Konzert an der Mosel geladen. Heute ist er international nicht mehr aus der Klassik-Szene wegzudenken.

Was unterscheidet die Atmosphäre an der Mosel von anderen Spielstätten?

Beispielsweise ein Konzert mit Barbara Hendrix ist im Kloster Machern intimer, sinnlicher, intensiver als in einer Konzerthalle in einer Großstadt. Es gilt das Gleiche wie beim Wein: Klasse statt Masse.

Gab es magische Momente?

Wir arbeiten dafür, dass es sie auch in Zukunft geben wird. Beispielsweise: Vor zehn Jahren begannen wir Jan Gabarek und das Hilliard-Ensemble mit alter Vokalmusik und Jazz-Saxophon zu kombinieren - in der nächtlichen Basilika - dem Ort, an dem vor Jahrtausenden römische Kaiser Hof hielten. In diesem Jahr waren erneut mehr als 1000 Gäste da.

Wie schmeckt für Sie die Mosel?

Die Mosel schmeckt für mich immer nach fruchtig-frischem Riesling.

Wenn Sie die Augen schließen und den Begriff „Mosel" hören, was kommt Ihnen in den Sinn?

Ich sehe Weinberge, die Steillagen, durch die ich jeden Tag laufe - mystisch schöne Landschaften, die mir oft wie ein Gemälde vorkommen.

Wie wünschen Sie sich die Mosel in 20 Jahren?

Dass die MoselWeinKulturLandschaft bleibt wie sie ist. Der Mosel-Riesling ist eh der beste der Welt!

JAN VOGLER

Cellist, New York

Flüsse sind ausgesprochen musikalische Gewässer. Wie die Musik fließen sie durch immer neue Szenerien, und die sich verändernde Landschaft erinnert mich immer an die Veränderungen in der Musik von Franz Schubert: Sie kommen meist sanft und unbemerkt daher, ab und zu aber auch als Drama und überraschender Kontrast. Ozeane sind kalt, mächtig und unendlich, Seen strahlen aufgrund ihrer glatten Ruhe oft eine gewisse morbide Abgeklärtheit und Melancholie aus. Aber Flüsse sind voller Variationen und Lebendigkeit!

Die Mosel hat das Glück, durch eine besonders aufregende und märchenhafte Landschaft zu fließen; wie gern würde ich dem Lauf einmal von der Quelle bis zur Mündung folgen und die Emotionen der Veränderung selbst als Gesamtkunstwerk erleben. Ein Höhepunkt ihrer Reise ist Trier. Die Stadt, die jedem Deutschen das Gefühl gibt, Teil von ganz Europa zu sein. Über 2000 Jahre Einflüsse von Rom bis Paris. Sie spricht mit ihren erhabenen Baudenkmälern eine würdige Sprache, gewinnt aber durch die Mosel die Lieblichkeit, die uns sofort an den Mosel-Riesling erinnert.

Der Wein, der in meiner zweiten Heimat New York in den letzten zehn Jahren zu einem Kult für eine Gruppe Eingeweihter geworden ist: German Riesling! Und nicht die alte Massenproduktion, sondern von den jüngeren Winzern kreierte kleine Meisterwerke. Öffnen sie eine Flasche und legen die CD mit Schuberts Forellenquintett ein, vielleicht die Aufnahme des Moritzburg Festival Ensembles? Das Moritzburger Schloss liegt zwar inmitten einer Seenplatte, die sind aber durch kleine Flüsse verbunden …

CHRISTINA FISCHER

Sommelière und Autorin, Genuss Werkstatt, Köln

Riesling gilt als „Königin der weißen Reben". Sie haben ihm zusammen mit Ihrem Kollegen Ingo Swoboda ein ganzes Buch gewidmet: „Riesling: Die ganze Vielfalt der edelsten Rebe der Welt". Warum?

Weil es weltweit keine andere Rebsorte schafft, auf solch brillante Weise Fruchtsüße und Säure zu balancieren. Ein authentischer und einzigartiger Charakterzug, der in der Symbiose von subtiler Mineralität, lebhafter Säure und facettenreicher Fruchtaromatik liegt. Damit wehrt sich Riesling gegen globalen Einheitsgeschmack, er leistet gewissermaßen Widerstand. In unterschiedlichen Geschmacksrichtungen und mit äußerst individuellen Zügen. Aber genau das macht ihn aus! Wie kaum eine andere Rebsorte ist Riesling in der Lage, selbst die feinsten Unterschiede seiner Heimat zum Ausdruck zu bringen. Riesling spiegelt sein Terroir perfekt wider und benötigt keinerlei neues Holz, um an Ausdruck zu gewinnen. In der Jugend überzeugt Riesling mit erfrischend lebhafter Frucht und im Alter durch charaktervolle Vielschichtigkeit.

Riesling hat an der Mosel ein Heimspiel. Er wird hier seit einem halben Jahrtausend kultiviert. Zu Recht?

Natürlich! Denn die Mosel, die mit ihren Nebenflüssen Saar und Ruwer seit einigen Jahren leider übergreifend nur mehr als Anbaugebiet „Mosel" firmiert – ist prädestiniert für vielschichtig brillante Rieslinge, die vibrierend ihre Geschichte erzählen und lebhaft über die Zunge tanzen. Wie ein gereifter saftiger Pfirsich, bei dessen Genuss Ihnen das sprichwörtliche Wasser im Mund zusammen läuft und Sie gleich ein zweites Mal hineinbeißen wollen.

Zählen Sie die Mosel zu den stilprägenden Weißweinregionen der Welt?

Zweifellos, denn klassische Moselrieslinge sind kleine Kraftwerke, die ohne Probleme mehrere Jahrzehnte überdauern können, ohne ihre Frische zu verlieren. Im Gegenteil, im besten Fall legen sie sogar an Brillanz, Finesse und Feinfruchtigkeit zu.

Was macht die Weine von der Mosel unverwechselbar?

Ein Wein wird im Weinberg geboren, dort, wo er wurzelt und der Boden mit seinen geologischen, geografischen und klimatologischen Besonderheiten seine Heimat widerspiegelt. Die Moselwingerte befinden sich in einem der nördlichsten Anbaugebiete Europas und sind vor allem von dunklem, geschichtetem Schiefer geprägt. Die Kombination des steinigen, wärmespeichernden Schieferbodens und der unglaublich langen Vegetationsperiode sind das Alleinstellungsmerkmal für Moselrieslinge mit brillanter Fruchtsüße und delikatem Säurespiel. Die relativ kühle, nördliche Lage und das Fehlen eines nährstoffreichen Bodens bedingen das unverwechselbare

Aromenbild, bei dem die vibrierende Mineralität für unverwechselbaren Geschmack sorgt.

In Ihrem Buch „Wein & Speisen - Leidenschaft mit System" gehen Sie auf besondere Kombinationen ein. Zu welchen Speisen empfehlen Sie Wein von der Mosel?

Zu fast allen Gerichten mit asiatischem Anklang, bei denen die Spannung in aromatischen Gegensätzen von Salz, Süße und dezenter Schärfe liegt. Bei einem Curryhuhn mit Chili, Koriander, Ingwer, Zitronengras dominieren zunächst die pikanten, scharfen Noten. Dann puffert die enthaltende Kokosmilch diese Schärfe äußerst elegant ab und stellt zart würzige und erfrischend zitrische Noten in den Vordergrund. Ein lebhafter, aromatischer Riesling mit köstlicher Fruchtsüße korrespondiert bestens mit diesen salzig-pikanten Noten, weil die Süße des Weines durch die Schärfe der Speise nivelliert wird. Das schafft Raum für die fruchtigen Akzente und anregende Säure, die sich entsprechend ausbreiten und für lebhaften Trinkfluss sorgen. Salz wirkt in dieser Verbindung als Katalysator und verstärkt diese äußerst angenehme Aromenexplosion. Wie die kleine anregende Prise, die jede Hausfrau in ihren Kuchenteig gibt.

Wenn Sie die Augen schließen und den Begriff „Mosel" hören, was kommt Ihnen in den Sinn?

Eine einzigartige Kulturlandschaft und eines der faszinierendsten Weinanbaugebiete der Welt, in dem die Winzer mit leidenschaftlichem Enthusiasmus in schwindelerregenden Höhen ihre steilen Wingerte bewirtschaften. In den besten Lagen geht hier ohne Handarbeit gar nichts. An manchen Stellen sind selbst Seilwinden nicht einsetzbar. Das Gebiet steht signifikant für einen Weinstil, der in Perfektion umgesetzt, unverwechselbare Riesling-Unikate mit schier unendlichem Alterungspotenzial hervorbringen kann. Feinfruchtig süffige Kabinettweine, betörend mineralische, über die Zunge tanzende Spätlesen; finessenreiche, dichte Auslesen und edelsüße Kreszenzen, wie monumentale Beeren- und Trockenbeerenauslesen sowie vibrierende Eisweine mit ziseliertem Säurespiel.

Wie wünschen Sie sich die Mosel in 20 Jahren?

Erfrischend jung, individuell, dennoch klassisch angehaucht, Kultur bewahrend, Werte schätzend, Unikate schaffend, vorwärtsdenkend und positiv in die Zukunft blickend. Heimatverbunden und sich ihres einzigartigen Schatzes – dieses signifikanten Rieslingcharakters – bewusst! Ein Alleinstellungsmerkmal par excellence! Weltweit.

TOM GOELLER

Journalist, Deutschlandfunk und internationale Medien, Berlin

Sie leben in Berlin, bezeichnen sich aber in Ihrem Buch „Heimatkunde Mosel" als „Moselaner". Warum?

Ich kenne die Mosel seitdem ich meine Frau kenne, also seit 1980. Sie stammt ja aus Zeltingen. Menschen wie ich, die häufig umziehen, in verschiedenen Ländern leben, haben früher oder später mehr als nur eine Heimat. Jeder hat natürlich stets den Ort und das Land, in dem er geboren ist, als ursprüngliche Heimat. Und dann gibt es noch die „Wahlheimat", also jene Gegend, in der man sich am wohlsten fühlt, in der man nach eigener Einschätzung ‚zu Hause' ist. In meinem Fall ist das die Heimat meiner Frau geworden, die mir vor allem den Menschenschlag des Moselaners sehr liebevoll nahegebracht hat. Insofern bin ich Moselaner durch Bekenntnis.
Dem früheren Präsidenten Frankreichs, Valéry Giscard d'Estaing geht es ähnlich wie mir. Er wurde 1926 in Koblenz geboren und versteht sich deshalb als Mosel-Rheinländer per Geburt. Natürlich ist in seinem Fall Frankreich seine Heimat; aber die Liebe zur Mosel hat er sich bis ins hohe Alter bewahrt, wie er mir gegenüber bis heute gerne und ein wenig verschmitzt zum Ausdruck bringt.

Welcher Satz von Valéry Giscard d'Estaing zur Mosel ist Ihr Lieblingssatz?

Giscard d'Estaing findet, „dass das deutsch-französische Ensemble einen Hafen für Frieden, Maßhalten und Vernunft bietet. Ohne uns (Frankreich und Deutschland) geht aber auch nichts mehr in Europa. Das bedeutet ein hohes Maß an Verantwortung für beide Länder und die Moselaner stehen in dieser Verantwortung mit ganz vorne, denn die Moselaner sind Franzosen, Luxemburger und Deutsche; sie bilden gewissermaßen das Kerneuropa."

Auch der sich auf internationalem Parkett zielgerichtet bewegende luxemburgische Ministerpräsident Jean-Claude Juncker äußert sich zu Ihrem Buch. Er mischt sehr erfolgreich bei den „Großen" mit. Unzählige Auszeichnungen würdigen sein Engagement für Europa. Ist er ein typischer Moselaner?

Jean-Claude Juncker, übrigens auch Ehrenbürger von Trier, ist für mich keine luxemburgische Ausnahmeerscheinung. Schon einer seiner Vorgänger, Gaston Thorn, verkörperte für mich den weitblickenden Europäer, auch den aufrechten Kämpfer für die europäische Einigung, den ehrlichen ‚Makler' bei Unstimmigkeiten zwischen den EU-Mitgliedern. Ob diese Charaktereigenschaften etwas mit der Mosel zu tun haben? Mark Twain hat eindrucksvoll in seinem „Huckleberry Finn" geschildert, welchen Menschentyp der Mississippi hervorgebracht hat, wie der Fluss die Menschen prägte. Niemand bezweifelt das. Warum also sollte dies nicht auch auf die Mosel zutreffen? - Der Fluss kann meiner Meinung nach jedoch nur Menschen prägen, die vor Ort bleiben, dort aufwachsen, dort leben und arbeiten. Wer wegzieht, entzieht sich auch dieses prägenden Zaubers.

Sie betrachten die Mosel mit der Neutralität eines externen Beobachters. Fehlt gebürtigen Moselanern manchmal diese Neutralität oder eher Begeisterungsfähigkeit für ihre Region?

Die Moselaner brauchen nicht neutral gegenüber sich selbst zu sein. Ich erwarte sogar, dass sie mir als Außenstehendem ihren Fluss, ihren Wein und ihre Lebensart begeistert-subjektiv versuchen nahezubringen - was ja auch gelungen ist. Aber im Gesamtauftritt Fremden gegenüber wünschte ich mir mehr Geschick im Marketing. Die Mosel verkauft sich national und international weit unter Wert. Wie schon der einstige Trierer Stadtbibliothekar Gottfried Kentenich 1936 sagte: „Außerhalb des Mittelmeerraumes gibt es nur wenige andere Regionen im abendländischen Raum, die es mit der Mosel aufnehmen können."

Wenn Sie einem Amerikaner mit fünf „Dingen/Ereignissen/Eigenschaften" die Mosel beschreiben sollten, welche wären es?

Älteste und beste Weinlagen der Welt - traurig-schöne, melancholische Burgruinen - offenherziger Menschenschlag - Gelassenheit - Treue und Verlässlichkeit.

Welche Ereignisse haben die Moselregion besonders nachhaltig geprägt?

Besonders nachhaltig? Nur die Römer mit der Einführung des Weinanbaus. Alle anderen „Eroberungen", Plünderungen oder sonstigen Durchzüge von Heerscharen und Machthabern haben die Moselaner weggesteckt.

Wie schmeckt für Sie die Mosel?

Süß und edel. Süß, weil der Riesling als Hauptweinrebe einen süßen Wein hervorbringt. Aber die Mosel als Gegend „riecht" man in erster Linie: würzig. Früher habe ich im Frühjahr den Geruch von neugesetzten Pfählen wahrgenommen oder den scharf-würzigen Geruch von gereinigten Fässern. Es folgt der Sommer mit Duftnoten von sich bildenden Trauben. Der Herbst dann eine ‚Galerie an Düften' - wie in einem Parfümladen. Als Hauptduftnote nehme ich aber etwas Leichtes wahr. Leicht und edel. Schwer zu beschreiben, eigentlich nur selbst zu erfahren.

Wenn Sie die Augen schließen und den Begriff „Mosel" hören, was kommt Ihnen in den Sinn?

Lust darauf wieder hinzufahren! Gespräche, Lagen und Jahrgänge, vor allem Graacher Domprobst 1982, Zeltinger Himmelreich 1976, Wehmut über sehr schöne, vergangene Sommerspaziergänge mit inzwischen verstorbenen Familienangehörigen und Freunden. Lust darauf wieder hinzufahren!

Wie wünschen Sie sich die Mosel in 20 Jahren?

Ohne Hochmoselbrücke bei Ürzig.

Cochem

GERO VON RANDOW

Frankreich-Korrespondent der Wochenzeitung „Die Zeit", Paris

Sie leben derzeit in Paris. Die Mosel entspringt am Col de Bussang in den Vogesen. In Frankreich, Luxemburg und Deutschland werden an ihren Ufern Reben kultiviert. Nimmt man in Paris die Mosel und ihren Wein wahr?

Zuwenig. Man muss schon Glück haben, Moselweine zu entdecken.

In Ihrem Buch „Genießen – eine Ausschweifung" haben Sie sich ausführlich dem Genießen gewidmet. Unterscheidet sich die Art des Genießens in Paris von der in Deutschland?

In Frankreich wird, alles in allem genommen, genießerischer gelebt als in Deutschland. Ich will nicht übermäßig verallgemeinern, aber normalerweise finden Sie hier auf den Märkten bessere Lebensmittel, in den Straßen mehr (und ebenfalls bessere) Metzger, Weinhändler und Käseläden als in Deutschland. Vor den Feiertagen können Sie sogar in der Boulevardpresse viele Artikel über Austern, Foie Gras oder Champagner lesen. Wenn Silvester naht, bieten auch die Discounter Austern an. Im Fall von Paris kommt hinzu, dass das ganze Land hierhin seine besten Sachen verkauft, die in großem Stil umgesetzt werden, weshalb hier stets frischeste Ware zu bekommen ist. Das ist jedoch die Sicht von jemandem, der in der Innenstadt lebt. Die soziale Spaltung Frankreichs ist in Paris besonders deutlich zu erkennen, wenn Sie in die Außenbezirke fahren. Sie lässt sich auch daran ablesen, dass trotz allem, was ich vorher gesagt habe, Frankreich zugleich ein Fastfood-Land ist.

Welche Epoche hat nach Ihrer Meinung den Weinbau an der Mosel am stärksten geprägt?

Abgesehen von der römischen Gründerzeit sowie den später einsetzenden, friedlichen hundert Jahren unter dem spätrömischen Kaiserreich die Jetztzeit, glaube ich, wegen der Qualitätsrevolution im deutschen Weinbau.

Wenn Sie die Augen schließen und den Begriff „Mosel" hören - welcher Weintyp kommt Ihnen in den Sinn?

Filigrane Kabinettweine, deren Süße spielt und nicht erdrückt.

Wenn Sie die Augen schließen und den Begriff „Mosel" hören, was kommt Ihnen in den Sinn?

Freunde, die ich dort habe. Winzer, die die zärtlichsten Weine erzeugen, die ich kenne. Die Hänge, durch die sich der Fluss schlängelt.

Wie wünschen Sie sich die Mosel in 20 Jahren?

Friedlich. Außerdem buntscheckig, individualistisch, dicht besetzt mit blühenden kleinen und mittleren Weinbaubetrieben, deren Flaschen auch international präsent sind - ja sogar in Frankreich.

STUART PIGOTT

Weinkritiker, Autor und Journalist

Sie sind Engländer, studierten in London Kunst. Einige Ihrer Freunde wurden Punks.
Sie schreiben, dass eine Weinreise an die Mosel Ihr Leben veränderte. Was war geschehen?

Schon mit 20 Jahren wollte ich zum ersten Mal England den Rücken kehren. Es hat
eine Weile gedauert, aber Anfang 1989 habe ich eine Wohnung in Bernkastel-Kues
genommen und fing an, die Mosel "von innen" kennenzulernen. Die nächsten vier
Jahre war ich viel unterwegs, international aber auch viel an der Mosel, und ich habe
mich in die Landschaft verliebt. Den verrückten Moselanern, deren Verrücktheit
positiv sowie negativ ausfallen kann, bin ich viel näher gekommen. Ende 1992 wusste
ich, dass ich wieder in einer Großstadt leben musste und über ein paar Umwege bin
ich nach Berlin gekommen. Aber ich kehre immer wieder zurück ins Tal. Leider waren
diese Besuche in den vergangenen Jahren oft mit dem Kampf gegen den wirtschaftlich
völlig unsinnigen Hochmoselübergang verbunden, der dazu einige Spitzenlagen
bedroht.

Die Titel Ihrer Bestseller zeigen einen Wandel: Dem sachlichen „Atlas der deutschen
Weine" (1995) folgten Bücher wie „Göttertrank und Blendwerk" (1999), „Schöne neue
Weinwelt. Von den Auswirkungen der Globalisierung auf die Kultur des Weines" (2003),
„Wein spricht deutsch" (2004), „Stuart Pigotts Weinreisen - Mosel" (2009). Das Buch
zum „Weinwunder Deutschland" (2010) wurde gleich von einer 12-teiligen
Film-Dokumentationsreihe begleitet. Worüber wundern Sie sich?

Bestseller waren sie leider nicht, aber manche dieser Werke haben schon die Weinli-
teratur revolutioniert (was kein qualitatives Urteil ist, sondern nur eine Feststellung).
Ich wundere mich, wie lange es bei der TV-Serie „Weinwunder Deutschland" dauerte,
bis wir einen Durchbruch erzielten. Aber während der Ausstrahlung der zweiten Staf-
fel im Januar 2012 in BR 3 hatten wir rund 100.000 Klicks auf der BR-Website, was
schon sehr gut ist. Wer will nicht Kult sein?

In den Weinbaubetrieben an der Mosel gibt es immer mehr Seiteneinsteiger. Sind sie
Ursache oder Folge des Weinwunders?

Sie sind beides zugleich und ergänzen die Winzer aus alten Winzerfamilien auf
wunderbare Weise. Diese Kombination wird in den nächsten Jahren wirtschaftlich und
kulturell sehr fruchtbar für die ganze Region werden, auch für den Tourismus, die
Gastronomie...
Es gärt auf diese Weise im Moseltal und das gab es in den Jahren 1989-92 überhaupt
nicht. Nur Politiker (leider aller Parteien) nehmen es nicht wahr, noch schlimmer, sie
wollen es nicht wahrnehmen. Traurig! Aber Kleinvieh macht auch Mist und dieses
Kleinvieh wird auch viel goldenen Mist machen.

Ist die Globalisierung ein Risiko für den Moselwein?

Nein, so lange die Mosel ihre große Riesling-Stärke nicht aus den Augen verliert. Mosel-Weißweine aus Weißburgunder und Grauburgunder, auch die Spätburgunder-Rotweine können sehr gut sein. Aber die Königin bleibt die Königin- die Königin des Moseltages und die Königin der Moselnacht!

Seit einem Vierteljahrhundert beobachten Sie den Moselwein. Was hat sich in jüngster Zeit verändert?

Zu dem Thema könnte ich locker einen Vortrag halten. Quintessenz ist, wie die Mosel langsam aber sicher immer mehr zu ihren Wurzeln zurückgekehrt ist. Auf der anderen, schattigen, Seite steht der Verlust von vielen (unbekannten) Steillagen.

Sie schreiben in Ihrem Buch „Weinreise Mosel" davon, „wie hot cool sein kann". Worum geht es?

Wer cool genug ist, wird es spätestens nach dem zweiten Glas guten Mosel-Rieslings problemlos verstehen können.

Gibt es Beispiele dafür, dass ein Wein nach der Landschaft schmeckt, in der er wächst?

Ich mag solch gewollte und übermäßig direkte Vergleiche nicht, weil sie selten stimmen. Auf einer tieferen Ebene (die man wohl zum guten Teil wissenschaftlich nachvollziehen kann) gibt es aber eine ganz enge Beziehung zwischen Landschaft und Wein und diese ist besonders spannend an der Mosel.

„Wenn man diesen Wohlgeschmack erlebt, hat man das Gefühl, aus dem Tal zu steigen und zu steigen, bis alles reines Gold wird" schreiben Sie über einen Wein von der Terrassenmosel. Lassen Sie sich von „Mosel-Schriftstellern" wie Goethe, Viebig, Andres und Ausonius inspirieren?

Ja, Goethe ist ein besonders wichtiges Vorbild für mich, weil er in so vielen verschiedenen Stilen schrieb. Um komplexe Phänomene wie die Mosel, ihre Landschaft, die Bevölkerung, den Weinbau und die Weine adäquat zu beschreiben, braucht man mehrere Schreibstile. Aber Goethe bin ich genauso wenig wie Hunter S. Thompson, mein anderes (völlig konträres) großes Vorbild.

Wenn Sie die Augen schließen und den Begriff „Mosel" hören, was kommt Ihnen in den Sinn?

Zehntausend wunderbare Dinge, die die ganze Bandbreite der menschlichen Wahrnehmung, der Gefühle und des Denkens umspannen. Das kann man Be-geist-erung nennen!

Wie wünschen Sie sich die Mosel in 20 Jahren?

Ohne Hochmoselübergang, ohne die Politiker, die ihn befürworten, aber mit noch mehr wunderbaren Riesling-Weinen als heute. Hoffentlich lebe ich noch, um das zu erleben.

BLICKE ÜBER DEN FLUSS

DIETER LINTZ
Leitender Redakteur, Trierischer Volksfreund

Hilft die Kultur, Grenzen zu überwinden?

Sie kann es auf jeden Fall. Ob sie es im Einzelfall tut, hängt davon ab, wie die Menschen damit umgehen. Eine grenzüberschreitende Region entsteht nicht alleine durch wirtschaftliche Zusammenarbeit, und Verwaltungen kriegen das noch viel weniger hin. Und wo begegnen sich Menschen besser als beim gemeinsamen Machen oder Genießen von Kultur? Aber das muss gepflegt und gefördert werden.

Was verstehen Sie unter Weinkultur?

Dass der Genuss von Wein mehr ist als der Konsum eines Getränkes. Entstehungsgeschichte Landschaft, Boden, persönliches Engagement gehören zu jeder einzelnen Flasche dazu.

Sehen Sie Verbindungen zwischen Weinkultur und Kultur?

Das liegt an der Mosel auf der Hand, schon wegen der Kulturlandschaft, die ohne den Weinbau nicht denkbar wäre. Aber auch Events, die beides miteinander verbinden, sind im Kommen. Dankenswerterweise wird diese Verbindung seitens der jüngeren Winzer-Generation in den letzten Jahren verstärkt gefördert.

Zählt Wein zu Ihren liebsten Genussmitteln?

Ich erlebe mit großem Erstaunen in den letzten Jahren meine Wandlung vom Bier- zum Weintrinker. Hat vielleicht was mit Erwachsenwerden zu tun.

Wenn Sie die Augen schließen und den Begriff „Mosel" hören, was kommt Ihnen in den Sinn?

Dann denke ich sofort an den freien Blick aus unserem Wohnzimmerfenster in Konz-Roscheid, der bis zum Wasserbilliger Grenzübergang reicht und zehn Kilometer Mosel umfasst. Dieser Blick war das entscheidende Argument für den Kauf des Hauses.

Wie wünschen Sie sich die Mosel in 20 Jahren?

Selbstbewusst, modern, zusammenhaltend, weltgewandt, offensiv in der Vermarktung der eigenen Stärken. Um so viele Veränderungen zu erreichen, sind 20 Jahre freilich eine ziemlich knapp bemessene Zeit.

MARKUS BROCK

SWR Fernsehmoderator, Baden-Baden

Sie beschäftigen sich beim SWR mit Genuss, Kunst und Kultur. Sehen Sie Wein als Kulturgut?

Wenn er von einem guten Winzer mit Liebe gemacht ist, in jedem Fall! Wein, besonders natürlich der der Steillagen an der Mosel, prägt ja die Landschaft enorm. Guter Wein ist ein Produkt, das nur entstehen kann, wenn viel Liebe, Wissen und Erfahrung dahinter stecken. Und auch der maßvolle Konsum hat natürlich viel mit Ess- und Trinkkultur zu tun.

Erinnern Sie sich an Ihren ersten Moselwein?

Nein, dazu waren es zu viele. Aber ich schätze den ganz besonderen Geschmack des Mosel-Rieslings sehr. Und da ist mir der Riesling vom Bremmer Calmont ganz besonders in Erinnerung, den ich direkt am Weinberg probiert habe. Nicht nur weil die Lage dort einfach einzigartig ist. Man meint auch diese unglaubliche Steillage zu schmecken...

Zu welchen Situationen im Leben empfehlen Sie Moselwein?

Moselwein passt eigentlich immer und natürlich an einem gemütlichen Abend zu zweit.

Empfehlen Sie bestimmte Weine zu bestimmten Kunstrichtungen? Etwa Mosel-Riesling zu Betrachtungen des Jugendstils in Traben-Trarbach, Elbling zu Mosaiken in Römervillen an der Südlichen Weinmosel?

Generell finde ich, dass Weine an ihrem Herkunftsort ganz besonders gut schmecken - auch wenn man sich das sicher nur einbildet. Und ein Mosel-Riesling passt in jedem Fall perfekt zur herrlichen Jugendstilarchitektur in Traben-Trarbach, die ich sehr mag...

Wenn Sie die Augen schließen und den Begriff „Mosel" hören, was kommt Ihnen in den Sinn?

Weinberge, ein enges aber nicht zu enges Tal, hübsche Dörfer und ein Fluss, dem man auf's Angenehmste nahe kommen kann - ohne von Autokolonnen oder Zügen überrollt zu werden.

Wie wünschen Sie sich die Mosel in 20 Jahren?

Nicht stärker bebaut als heute, mit weiterhin bewirtschafteten Steillagen, engagierten jungen Winzern und Köchen.

ULI MARTIN

Journalist, Schondorf am Ammersee

Sie widmen sich seit vielen Jahren dem Thema Genuss. Was ändert sich?

Das kulinarische Bewusstsein. Einerseits wächst die junge Generation auf mit Döner und Pizza, Big Mac und Thai-Curry. Was Bintje bedeutet oder Boskop oder Endivie, weiß kaum noch jemand. Das ist bedauerlich, lässt sich aber wohl kaum ändern. Andererseits: Wer sich für gutes Essen und Trinken interessiert, findet immer mehr Anbieter ursprünglicher, ehrlicher, authentischer Produkte. Das ist erfreulich.

Wie kamen Sie dazu, über Wein zu schreiben?

Ich arbeitete in Frankfurt bei einer Fachzeitschrift für Marketing, Werbung und Medien. Am Wochenende fuhr ich gern in den Rheingau oder in die Pfalz. Als der Verleger Heinz-Gert Woschek einen Chef vom Dienst für seine Zeitschrift „Alles über Wein" suchte, bewarb ich mich und bekam zu meiner Überraschung den Job. Ich blieb drei Jahre, in denen ich sehr viel lernen konnte. Als ich zum Focus nach München wechselte, um dort über Medien zu berichten, bat mich Helmut Markwort, auch weiterhin Weinthemen zu beackern. Was mir ein Vergnügen war. Heute bin ich selbstständig, schreibe und helfe Kunden bei der Darstellung in der Öffentlichkeit.

Wie hat sich Ihre Beziehung zum Moselwein entwickelt?

Anfang der achtziger Jahre, als ich begann, die wunderbare Weinwelt näher zu erkunden, gehörte ich zur Fraktion der dogmatischen Trocken-Trinker. Die deutschen Genießer hatten gerade gelernt, dass nur ein trockener Wein ein guter Wein ist. Das ist natürlich Unsinn, aber es war halt die logische Reaktion auf die heimischen Weine der siebziger Jahre. Jedenfalls machte mir das Trocken-Gebot die Annäherung an bestimmte Mosel-Rieslinge mit minimalem Restzucker und hohen Säuregraden nicht gerade leicht.

Und heute?

Freue ich mich, dass es immer mehr Moselwinzer hinbekommen, dieses einzigartige, faszinierende Zusammenspiel von natürlicher Fruchtsüße und markanter Säure bestens auszubalancieren. Die Weine haben ihre Identität wieder gefunden. Ein Schnuppern, ein Schluck, und ich weiß: Das ist ein Moselriesling.

Wenn Sie die Augen schließen und den Begriff „Mosel" hören, was kommt Ihnen in den Sinn?

Wein-Attribute natürlich: fruchtig und filigran, finessenreich und verführerisch, erfrischend und belebend, sinnlich und pikant.

Wie wünschen Sie sich die Mosel in 20 Jahren?

Die Region: traditionsbewusst und weltoffen. Den Fluss: ausreichend Wasser führend.

RICHARD OCHS U. ROLF ZANG

Traben-Trarbach

Neben Bordeaux war Traben-Trarbach einst die wichtigste Weinhandelsstadt der Welt.

Im Jahr 1899 wurden 18.000 Fuder (18.000 000 Liter) Wein aus den Kellern der Stadt gehandelt, obwohl die ortsansässigen Winzer selbst nur rund 1800 Fuder erzeugen konnten.

Schon im Jahr 830 wurde der Aacher Hof erstmals erwähnt, 1669 der erste Riesling. Im Jahr 1557 wurde die Hintere Grafschaft Sponheim protestantisch, gleichzeitig auch das von ihr einverleibte Trarbach. Protestantische Händler aus Großbritannien und den Niederlanden ließen den Handel florieren.

J. W. v. Goethe schrieb 1792: „Endlich stiegen wir in Trarbach glücklich an Land. Ein angesehener Kaufmann nötigte uns in sein Haus, wo wir bei hellem Kerzenschein in wohlgeschmückten Zimmern englische schwarze Kunstblätter, in Rahm und Glas gar zierlich aufgehangen, mit Freude ... erblickten ... wir genossen den köstlichsten Moselwein.“

1883 erhielt Traben-Trarbach einen Bahnanschluss, 1890 wurde Traben-Trarbach elektrifiziert. Damit kam Licht in die Keller mit ihrem kostbaren Inhalt und erleichterte die Arbeit. Elektrische Straßenlaternen gab es, wie sonst nur in der Salzstadt Bad Reichenhall und einzelnen Straßenzügen von Berlin.

Die Jugendstilrelikte in der Stadt erzählen von der Blütezeit, als der Berliner Stararchitekt Bruno Möhring hier Villen baute. Seit 2008 kann man die Keller, die Traben-Trarbacher „Unterwelt" besichtigen.

Traben-Trarbacher „Unterwelt"

MARKUS DEL MONEGO

Sommelier-Weltmeister 1998, Master of Wine, Essen

Erinnern Sie sich an Ihren ersten Moselwein?

Ja, natürlich. Ich habe in Bad Brückenau gelernt und dort hatten wir Weine von der Ruwer. Mit diesen Weinen habe ich die typische Balance von Süße, Säure, Frucht und Mineralität entdeckt, was mich absolut fasziniert hat.

Zählen Sie die Mosel zu den stilprägenden Weißweinregionen der Welt?

Absolut, denn der Rieslingweinbau an Mosel, Saar und Ruwer hat einen ganz eigenen, sehr charakteristischen Weinstil hervorgebracht. Hier spielen scheinbare Gegensätze ineinander, die sich jedoch nicht widersprechen: Filigranität und Kraft, Eleganz und Dichte, Fruchtsüße und Säure, moderater Alkoholgehalt und gleichzeitig ganz großes Geschmackserlebnis. Dieser Weinstil ist nicht so leicht zu kopieren.

Wenn ja, was macht den Moselwein einzigartig?

Die perfekte Balance, das feine und spannende Spiel von Frucht und Säure, dazu das Terroir - die Mineralität des Schiefers, die man in den Weinen wunderbar wiederentdecken kann, kurz: alles, was die Mosel auch zu den stilprägenden Regionen der internationalen Weinwelt gemacht hat.

Wenn Sie die Augen schließen und den Begriff „Mosel" hören, was kommt Ihnen in den Sinn?

Steillage, Riesling, Schiefer, enges Moseltal, spektakuläre Landschaft, Genuss pur und echte Lebensfreude.

Wie wünschen Sie sich die Mosel in 20 Jahren?

Weltoffen, innovativ, doch gleichzeitig auch ihren eigenen Stil bewahrend. Denn der ausgewogene Charakter, die überbordende Frucht, gebändigt von Mineralität, sind Kennzeichen eines Weines, der weltweit geschätzt wird.

NATALIE LUMPP

Sommelière, Autorin, Baden-Baden

Haben sich die Wein-Genussgewohnheiten in den vergangenen 20 Jahren geändert?
Auf alle Fälle! Aus meiner Sicht hat sich der Wein Ende der 90er Jahre zum Lifestyle-Produkt entwickelt. Seither liest man über den Wein sogar in Tageszeitungen, Hochglanzmagazinen oder man bekommt Informationen übers Fernsehen. Dementsprechend sind die Kenntnisse der Weinliebhaber um ein Vielfaches besser geworden.

In vielen Ihrer Bücher geht es um die Kombination von Speisen und Wein, z.B. im „Hallwag Handbuch Essen und Wein". Was empfehlen Sie zum „Mosel"?
Mit ihrer leichten und verspielten Art passen die Moselrieslinge natürlich zu leichten und feinen Speisen. Fische pochiert oder gedünstet, leichte Terrinen, Salate schmecken nochmal so gut mit einem leichten Riesling. Als großer Liebhaber von Jakobsmuscheln gerate ich mit einem mineralischen Riesling richtig ins Schwärmen! Hummer mit einer Spätlesequalität – einfach nur perfekt. Zu einer herzhaften Vesper hingegen schätze ich den kernigen Elbling.

Welche Veränderungen beobachten Sie an der Mosel?
Weintechnisch hat sich viel verändert. Während die Moselweine früher einige Jahre Reife mitbringen durften, werden sie heute so jung und frisch wie möglich konsumiert. Mit einem lachenden und weinenden Auge sehe ich, dass die Moselweine immer öfter trocken und mit einem höheren Alkoholgehalt ausgebaut werden. Zu einigen Gerichten schätze ich auch sehr die trocken ausgebauten Weine. Allerdings sind die leichten Rieslinge mit Restsüße absolut einzigartig auf der Welt!

Was schätzen Sie an Moselweinen?
Ihre Einzigartigkeit. Einen großen Wein zeichnet für mich Mineralität und Langlebigkeit aus. Beides habe ich im Moselwein. Die Schieferböden geben den Weinen ihren so eigenen Charakter. Und wie auch schon angesprochen, kann ich mich für die leichten Weine mit Restsüße sehr begeistern. Dass ein Wein mit 6.5 oder 7 % Alkohol so viel Geschmacksintensität mitbringt, strahlt für mich immer wieder eine so große Faszination aus!

Wenn Sie die Augen schließen und den Begriff „Mosel" hören, was kommt Ihnen in den Sinn?
Atemberaubende steile Rebhänge, Schieferböden, nette und einladende Dörfer, sympathische Winzer und 20 Jahre alte Weißweine – die zum Niederknien schmecken!

Wie wünschen Sie sich die Mosel in 20 Jahren?
Dass die Mosel ein solches Kleinod bleibt und hoffentlich an ihren lieblichen und leichten Weinen festhält.

BARBARA PHILIPP

Schauspielerin, Berlin

Sie sind in Wittlich geboren. Fühlen Sie sich als Moselanerin?

Wenn's um Wein geht, bin ich Moselanerin und bei Riesling der reinste Lokalpatriot. Da brüste ich mich mit meiner Oma, die mit über 90 noch betonte, ein richtiges Moselmädchen aus Ürzig zu sein und schwärme von den Zeiten, als meine Großeltern noch selber Wein in Ürzig und Wittlich hatten, z.B. Ürziger Würzgarten, was für ein Steilhang!

Sie spielen im „Tatort", in „Der Vorleser", in „Mein Leben - Marcel Reich-Ranicki". Sie sind viel unterwegs und leben in Berlin. Wann zieht es Sie zurück in Ihre Heimat?

Ich habe oft in der Nähe, z.B. in Frankfurt oder in Köln, zu tun und mache dann fast immer einen Abstecher nach Hause zu meinen Eltern und alten Freunden. Ich vermisse aber auch die Landschaft, der ich als Teenager unbedingt entfliehen wollte - um schnell zu merken, dass ich nirgends lieber waldlaufen (joggen hieß es erst später) gehe als in meinem Hauswald! Mein bestes Tourenfahrrad habe ich in Wittlich stehen, der Mosel - Maare Radweg wird mir nie langweilig. Und diesen Sommer zieht es mich in die Heimat wegen HEIMAT, denn Edgar Reitz macht wieder einen Kinofilm, in „Schabach" im Hunsrück, wo er auch schon seine weltberühmte Serie gedreht hat, und ich bin dabei und fühle mich geehrt und gerührt.

Kultivieren Sie in Berlin Ihre „Mosel-Wurzeln"?

Ich bin ein Moselriesling Missionar und habe zuhause stets einen großen Vorrat. Seit ich in den 80er Jahren nach Berlin kam, musste ich oft gegen Vorurteile ankämpfen, aber was wusste man schon im vermauerten Berlin, da hielt sich ja jeder, der wässrigen billigen „Pinnokritscho" nippelte für einen „Weingurmo". Unter Kennern wird der Moselwein längst spitze bewertet, und die Geschmack- und Ahnungslosen haben inzwischen erkannt wie sehr er im Trend liegt.

Wenn Sie die Augen schließen und den Begriff „Mosel" hören, was kommt Ihnen in den Sinn?

Deutsche Romantik, gerade im Herbst zur Weinlese, der geschlängelte Fluss, die farbenprächtigen Berge, die Burgen und Fachwerkhäuser, der Geruch von Wein in der Nase. Die Römer haben 2000 Jahre Kultur und südländisches Flair hinterlassen und zum Glück haben wir von den Franzosen mehr savoir vivre, als von den Preußen deutsche Piefigkeit. Die Mosel grenzt nicht ab, sondern verbindet, von Frankreich und Luxemburg hin zum Deutschen Eck, und ich hab mich hier immer als Europäer verstanden.

Wie wünschen Sie sich die Mosel in 20 Jahren?

Wir haben den besten Riesling der Welt, aber wo gibt es noch meinen Lieblingsnachtisch - die Weincreme - stattdessen Tiramisu, Brownies, alles Rote Grütze! Wir sollten das Typische, Individuelle erkennen, bewahren, fördern, ohne dabei einzukitschen - das wünsch' ich mir - dann hat die Mosel eine Chance!

MANA BINZ

Künstlerin, Lieser

Sie sind an der Mosel geboren und aufgewachsen, lebten in Bonn, Berlin und Brüssel. Als Juristin arbeiteten Sie erfolgreich in der Industrie und begannen irgendwann, sich ganz und gar der Kunst zu widmen. Viele Jahre wirkten Sie in Brüssel und heute haben Sie Ihr Atelier ausschließlich an der Mosel. Was lockte Sie zurück?

Wo auch immer ich war, die Schönheit unserer Mosellandschaft hatte ich immer im Kopf. Es war deshalb nicht diese Schönheit, die mich zurücklockte, sondern ich kam zurück an die Mosel - wie ich glaubte vorübergehend - aus familiären Gründen. Danach hat mich diese begnadete Landschaft nicht mehr losgelassen! Hier zu leben, das bedeutet in hohem Maße Lebensqualität. Wir sind in einer aufstrebenden Weinregion. Die Menschen hier sind inspiriert vom Kulturprodukt Wein und weltoffen in ihrer Tätigkeit als Winzer. Als Künstler suche ich kreative Stille und mentale Kraft. Ich finde beides an der Mosel und das sind dann große Glücksmomente.

Seit einigen Jahren arbeiten Sie an den „Welten im Wein". Was ist das?

Seit 2009 arbeite ich an diesem Projekt. Es ist mein Beitrag für die Weinkultur. Wein und Kunst haben schon immer eine symbiotische Beziehung. Der Wein prägt unsere Landschaft. Ziel ist es, hier im Zentrum der Mosel und der herausragenden Rieslingweine, mit den „Welten im Wein" ein Bewusstsein für die ganze Palette menschlichen Seins zu schaffen. Der Betrachter wird angeregt, sich selbst und den eigenen Umgang mit dem Genussmittel und Kulturgut Wein zu reflektieren. Wie die Weinflasche aus Glas ist, so sind auch die einzelnen Bilder im Glas verschmolzen. Das Kunstwerk wird auf insgesamt 77 hochformatige Stelen (230 x 35 cm) heranwachsen. Jedes einzelne Stelenpaar spiegelt die lustvolle, imaginative, visionäre bis halluzinatorische Wirkung des Weins.

Wenn Sie die Augen schließen und den Begriff „Mosel" hören, was kommt Ihnen in den Sinn?

Egal ob mit offenen oder geschlossenen Augen - das Wort Mosel, das ist für mich glitzerndes Licht über einem Sehnsuchtsfluss und ein herrlicher grüngoldener Wein voller Finesse.

Wie wünschen Sie sich die Mosel in 20 Jahren?

Der Riesling soll international den Rang erreichen, der ihm aufgrund seiner Finesse und Qualität zusteht. Ich wünsche mir die Mosel als weltoffenen Gastgeber auch für ein jüngeres Publikum. Die Mosel soll zum Verweilen einladen. Sie braucht eine kultivierte Gastlichkeit mit einer hochwertigen Küche, die auch regionale Akzente setzt. Dieses Genießerpublikum weiß Kunst und Kultur zu schätzen. Die Schönheit und mentale Kraft der Mosel lassen den Gast an der Mosel die Batterien genussvoll auftanken. Die Wurzeln uralter keltischer und römischer Kultur prägen die Mosel überall. Was die Toskana für Italien ist, das ist die Mosel für Deutschland.

RUT BLEES LUXEMBURG

Künstlerin, London

Wie kommt „Luxemburg" in Ihren Namen?
Ich gehe gerne über Grenzen. Den Namen ‚Luxemburg' habe ich in den 90er Jahren als Studentin in London ausgewählt. Damit wollte ich meine eigene Identität als junge Künstlerin manifestieren. In dem Wort Luxemburg sind Licht und Stadt enthalten.

Sie sind gebürtige Moselanerin, Leiwener Winzertochter und leben in London. Was lockt Sie immer wieder zurück an den Fluss?
Der Wein, die Weinberge, meine Familie und die Kunst.

Ihre Bilder werden in den großen Europäischen Museen wie der Tate Modern, London oder dem Centre Pompidou, Paris gezeigt. Der Schriftsteller Stefan Andres schreibt in seinem autobiografischen Roman „Der Knabe im Brunnen" von der „stillen Lust der Augen, so nah am Licht zu fahren" als er aus dem Tal der Dhron kommend die Moselschleife bei Leiwen-Trittenheim sieht. Erleben Sie eine „stille Lust der Augen"?
Interessant ist hier der Begriff der „Stille", der zwei Bedeutungen haben kann. Meint Andres mit der „stillen Lust", die Stille die geräuschlos ist, oder denkt er an eine Stille im Sinne von zur Ruhe gekommener Bewegung? Das Erblicken der Moselschleife ist für mich jedes Mal ein sehr plötzlicher, unerwarteter Moment, dessen visuelle Lust durch das steile, herabfallende Tal erhöht wird. Im Englischen spricht man von der ‚still photography', das ton- und auch bewegungslose Bild. Die Fotografie kann diesen Moment der stillen Lust der Augen, im doppelten Sinne, wieder produzieren. Doch das passiert nicht durch das bloße fotografische Abbilden eines Motivs, sondern ein anderes, schwer zu definierendes Element muss dazu kommen, um dieses Wiedererleben möglich zu machen.

Wenn Sie einen Wein trinken: spielt beim Erleben des Weines Ihr Verhältnis zu dem Winzer eine Rolle?
Ja, immer. Wenn man die Winzer kennt, ist man neugierig wie ihr Wein schmeckt.

Wenn Sie ein Bild anschauen, spielt beim Betrachten des Bildes Ihr Verhältnis zu dem Fotografen eine Rolle?
Nein, nicht mehr.
Ich habe bei der Betrachtung von Kunst eine gewisse Objektivität erlernt.

Sie haben die Keller von Traben-Trarbach und andere Orte der Mosel fotografiert, danach waren Sie in Asien unterwegs und haben später an der Serie ‚Piccadilly's Peccadilloes' über die Londoner U-Bahn gearbeitet. Wenn Sie den Menschen in Asien oder den Menschen in London DAS Bild Ihrer Heimat zeigen sollten, gäbe es eines?

Ich denke, dass die Repräsentation durch DAS EINE Bild zu reduktiv wäre, um die Komplexität dieser Region darzustellen. Daher bevorzuge ich Situationen, die viele Bilder ermöglichen, welche wiederum verschiedene, kontrastierende und auch gegensätzliche Interpretationen zulassen.

Wenn ich mich jedoch auf ein Bild festlegen sollte, würde ich eine Fotografie von dem herausragenden Fotografen August Sander auswählen, der in den 20er Jahren einen Weinberg in Trittenheim fotografierte. Das ist keine ‚Weinbergsromantik', sondern eine sehr sachliche Aufnahme, die die Struktur und Schönheit der Formen betont.

Was denken Sie, wenn Sie irgendwo außerhalb Europas einen Moselwein auf einer Karte entdecken?

Ich freue mich und probiere den Wein.

Wie wünschen Sie sich die Mosel in 20 Jahren?

Wie früher, aber mehr so! Mehr römisch...

Kellergewölbe

Christus in der Kelter, Ediger

HELMUT THIELTGES

Waldhotel Sonnora***

Unser Restaurant lebt von Genießern, von Menschen, die sich vom guten Essen und gutem Wein verführen lassen. Von Menschen, die eine weite Reise auf sich nehmen, um sich einen Abend von meiner Küche verwöhnen zu lassen.
Doch was wäre das beste Essen auf dem Teller, ohne das passende Glas Wein?
Austern mit Holunderblütenvinaigrette, bretonischer Hummer, Entenbrust mit orientalischer Gewürzhaut .... er begleitet sie alle, der Riesling von der Mosel!
Mit seinen vielen verschiedenen Facetten und Spielarten schafft er es, Gerichte, wie sie unterschiedlicher nicht sein könnten, zu untermalen.
Und er schafft es mit ungewöhnlichen Kombinationen zu überraschen.
Viele unserer Gäste sind skeptisch, wenn man ihnen zu einem Fleischgericht einen restsüßen Riesling reicht. Einige von ihnen sind jedoch so begeistert, dass sie sich am nächsten Tag direkt auf den Weg zum Winzer machen!

OBERSTEWARD ROLF BATTERMANN
Chef des Restaurants Berlin, Traumschiff MS Deutschland

MANJA NIEDERLAG, NADINE KOCK
Wein-Stewardessen

Wir schätzen die Riesling-Weine für unsere Gäste, wobei der Riesling aus dem Weinanbaugebiet Mosel eine Besonderheit ist. Sein feines Bukett, das spezielle Aroma und die ausgewogene Säure machen ihn zu einem idealen Essensbegleiter.

MARIAN KOST

Schüler, Segelflieger, Pfalzfeld

Sind Sie Moselaner?

Meine Eltern sind beide in Koblenz, an Rhein und Mosel, geboren und aufgewachsen. Deshalb kenne ich die Mosel seit meiner Kindheit. Zwischendurch haben wir sechs Jahre in Athen gelebt.

Was gefällt Ihnen an der Mosel besonders gut?

Die Moselschleifen – trotz der Berge und den Tälern fließt die Mosel immer gleichmäßig – sie beruhigt.

Was würden Sie gerne verändern?

Ich finde die Mosel schön, so wie sie ist.

Sie absolvieren trotz Ihres jugendlichen Alters von 15 Jahren eine Ausbildung zum Segelflieger. Womit fliegen Sie?

Ich fliege eine doppelsitzige ASK 13 als Schulflugzeug. Sie wird von einem Zugseil auf 400 Meter gezogen, dann löst sich das Seil und man fliegt.

Wo sind Sie schon geflogen?

In Winningen, dort ist auch meine Segelschule, in Rothenburg, beim Sommercamp des Aeroclubs, hier ist das Schleppseil 3 km lang.

Macht es einen Unterschied, wo man segelt?

Wir haben keinen Motor und müssen darum immer so fliegen, dass wir Thermik oder Aufwind finden, um nicht da zu landen, wo wir nicht landen wollen. An manchen Orten, wie z.B. an den Hängen der Mosel, ist die Thermik besser und trägt einen. Über Wäldern findet man durch die aufsteigende Luftfeuchtigkeit Aufwind. Der Fluss hilft außerdem bei der Orientierung.

Wie oft sind Sie in der Luft?

Möglichst jedes Wochenende und dann zwei bis drei mal am Tag.

Wann gefällt Ihnen die Mosel am besten?

Im Frühling, wenn die Hänge grün werden und frühmorgens, wenn die Mosel aus dem Nachtkleid erwacht.

Wenn Sie die Augen schließen und den Begriff „Mosel" hören, was kommt Ihnen in den Sinn?

Ich sehe aus der Vogelperspektive die Flussschleifen unter mir. Über einem Steilhang sehe ich Greifvögel, die sich von der Thermik nach oben tragen lassen. Ein gutes Zeichen.

Wie wünschen Sie sich die Mosel in 20 Jahren?

Unverändert.

Oberfell

Abendstimmung

NINA BÖNTGEN

Schülerin, Ruderin, Schweich

Sind Sie Moselanerin?

Nein. Ich bin 1996 in Essen geboren und 2009 an die Mosel gezogen.

Was gefällt Ihnen besonders gut an der Mosel und was würden Sie gerne verändern?

Besonders gut gefällt mir die Idylle, die der Fluss und die Weinberge mit sich bringen. Wenn viel Schiffsverkehr herrscht, müssen wir besonders aufmerksam sein, weil wir sozusagen „rückwärts" fahren.

Wie viele Stunden verbringen Sie auf dem Wasser?

Ich verbringe wöchentlich ca. acht Stunden auf dem Wasser. Die Tage, an denen kein „Wassertraining" stattfindet, verbringen die Leistungssportler z. B. im Kraftraum.

Wo sind Sie schon überall gerudert?

Im Leistungsbereich Rudern kommt man viel herum. Ich nehme sowohl national, als auch international an Regatten teil. So ruderte ich zum Beispiel in Köln, Hamburg, München und Essen, aber auch in Aiguebelette (Frankreich) oder Gent (Belgien).

Macht es einen Unterschied, wo man rudert?

Es macht einen großen Unterschied, wo man rudert. Die Strömung spielt eine Rolle, mit der Strömung rudert es sich leichter als gegen die Strömung. Durch Wasserpflanzen ist es im Sommer schwieriger zu rudern. Und je härter das Wasser ist, desto mehr Kraft muss man aufwenden, um das Boot „am Laufen" zu halten.

Wann zeigt sich die Mosel von ihrer schönsten Seite?

Ich finde die Mosel im Sommer, frühmorgens gegen sechs Uhr, am schönsten. Sie ist dann ganz flach, der Nebel hängt noch ein wenig über dem Wasser und die aufgehende Sonne färbt den Himmel rosafarben. Dann mit seinem Boot aufs Wasser zu gehen und über dieses zu gleiten ist ein herrliches, unbeschreibliches Gefühl.

Wenn Sie die Augen schließen und den Begriff „Mosel" hören, was kommt Ihnen in den Sinn?

Ich sehe einen stillen, wellenarmen Fluss, der sehr idyllisch liegt und auf dem es viel Spaß macht zu fahren, egal ob beim Rudern oder mit dem Ausflugsdampfer.

Wie wünschen Sie sich die Mosel in 20 Jahren?

Ich wünsche mir nicht viele Veränderungen. Eigentlich bin ich mit der Mosel, so wie sie ist, sehr zufrieden.

DIETMAR BRÜCK

Landeskorrespondent der Rhein-Zeitung, Buchautor, Mainz

Sie sind Landeskorrespondent der Rhein-Zeitung, berichten aus Mainz und Koblenz. Nimmt man in Mainz die Westseite des Landes weniger stark wahr als die Rheinschiene?

Ganz sicher ist das so. Der Rhein ist die Lebensader des Landes, ein uralter Mythos, jener breite Strom, in dem zusammenfließt, was rheinland-pfälzische Identität ausmacht. In der Berichterstattung hatte die Rheinschiene schon immer eine Vormachtstellung. Allein schon deshalb, weil sie die großen Städte wie Köln, Mainz und Düsseldorf miteinander verbindet. Dazu kommt der ewige Streit um den unerträglichen Bahnlärm. Allerdings steht zumindest die Moselstadt Cochem einmal im Jahr im Fokus der Landespolitik: immer dann, wenn Ministerpräsident Kurt Beck dort Urlaub macht.

Bemerken Sie Mentalitätsunterschiede zwischen Eifelern, Hunsrückern, Moselanern, Pfälzern und Rheinhessen?

Eifeler und Hunsrücker kommen mir sehr ähnlich vor: bodenständig, kantig, ein wenig schroff gegenüber Fremden, aber unglaublich herzlich und treu, wenn man ihr Vertrauen gewonnen hat. Pfälzer und Moselaner kommen mir eine Spur offener vor, wobei gerade die Moselaner bereit sind, nahezu jeden Konflikt bei einem oder zwei Glas Wein beizulegen. Diese Mentalität treffe ich im Übrigen auch bei den Rheinhessen und Mainzern an. Nichts ist so ernst, dass man nicht darüber lachen könnte – spätestens am Rosenmontag.

Sie sind gebürtiger Eifeler – wie haben Sie die Mosel als Kind wahrgenommen, wie nehmen Sie sie heute als Mainzer wahr?

Eine Vorbemerkung: Ich würde mich nie als Mainzer bezeichnen. Ich bin ein Eifeler, der in Mainz lebt. Meine Eifeler Wurzeln werden mein ganzes Leben tiefer gehen als alles andere. Als Kind war die Mosel für mich weit weg, obwohl sie sich ja von Monreal aus, wo ich aufwuchs, nur ein paar Kilometer weiter durchs Tal schlängelte. Ich lebte eben im Eifelgebirge, an Flüssen kannte ich lediglich die heimatliche Elz oder eben den Rhein. Die Mosel habe ich erst als Jugendlicher entdeckt – auf den Weinfesten am Wochenende. Und da habe ich mich in diese unverwechselbare Fluss-landschaft verliebt. Mit ihren Steilhängen, kleinen Dörfern und Burgen ist sie viel ursprünglicher und charakteristischer als der Rhein.

Zählt Wein zu Ihren Lieblingsgenussmitteln?

Wein ist Genuss für mich. Dazu gehört ein schön geschliffenes Glas, ein tönerner oder sogar ein steinerner Kelch. Ich liebe trockene Rotweine mit einer würzigen Note – vornehmlich Franzosen. Im Sommer trinke ich aber auch sehr gerne einen spritzigen

Riesling. Dieser darf gerne von einem Moselaner Steilhang stammen. Und ab und zu gönne ich mir auch mal einen Eiswein. Für den besonderen Moment.

Wenn Sie die Augen schließen und den Begriff „Mosel" hören, was kommt Ihnen in den Sinn?

Wenn ich die Augen schließe, höre ich das Klirren der Gläser, das weinselige Lachen der Moselaner bei einem Fest, das Tuckern der Kähne, das Rauschen des Flusses und das Brausen des Windes, wie er durch die engen Täler fegt und gegen die so idyllischen wie wehrhaften Burgen anstürmt.

Wie wünschen Sie sich die Mosel in 20 Jahren?

Dass sie ihren unverwechselbaren Charakter behält. Die Mosel ist ein Original. Diese Region muss sich nicht verändern, nur an sich glauben.

Mündung der Mosel, Deutsches Eck, Koblenz

CARL-GÜNTHER BENNINGHOVEN

Notar und Zugezogener aus Wuppertal, verheiratet „mit einer schönen Moselanerin"

Meine Wahlheimatstadt Koblenz ist Ausgangspunkt oder Endpunkt - in jedem Fall aber der Höhepunkt - einer jeden Moselfahrt. Als frankophiler Deutscher schätze ich den französischen wie den deutschen Teil gleichermaßen und vor allem, dass die Mosel Deutschland, Luxemburg und Frankreich und ihre gemeinsame Geschichte verbindet. Ausflüge nach Nancy und Metz, in die Stadt, in welcher der Großvater meiner späteren Ehefrau 1896 als Deutscher zur Welt kam, habe ich bereits als Notarassessor von Mainz aus regelmäßig unternommen. Und noch heute ziehen uns diese Städte - insbesondere Metz durch den französischen Wochenmarkt und den empfehlenswerten Flohmarkt - immer wieder an.

Und nun Koblenz, ja Koblenz ist gewissermaßen die Trockenbeerenauslese der Mosel. Hier wo sich die liebliche grüne Mosel mit dem kraftvollen braunen Rhein vereinigt, konzentriert sich alles, was die Mosel auf ihrem Weg von der Quelle in den Vogesen, zwischen Eifel und Hunsrück aufgenommen hat, zu einem einzigartigen Genuss. Nirgends lässt sich der gehaltvolle Moselwein besser trinken als gemeinhin an der Mündung, in der Stadt am Deutschen Eck.

DIE BILDER

auf den Seiten 4 (auch als Einzelbilder), 30, 35, 45, 86, 87, 90, 120, 125 und 141 können als Kunstdrucke in unterschiedlichen Formaten unter www.moselbuch.de erworben werden

„Am frühen Abend sind wir mit dem Taxi zum Bahnhof gefahren und in den Zug
nach Köln gestiegen. Wir sind an der Mosel entlang bis Koblenz gefahren und dort dann
umgestiegen. Während der Fahrt habe ich mich an unsere wunderschöne Moselreise
erinnert, und wir haben Mama von den einzelnen Stationen unserer Moselreise noch einmal
genauer erzählt: Von dem Knaben im Brunnen, von dem großen Mann aus Kues, von den
Campern bei Traben-Trarbach, vom Fahrradfahren, von unseren Weinproben, von meinem
Klavierspielen, von Papas Tanz mit der fremden Frau in Beilstein, von der Siku-Stadt
Cochem, von der Schleuse bei Müden, von meinem Fußballspielen in Moselkern, von der
geheimnisvollen Burg Eltz und ihrer Trutzburg, von Magnus Ausonius und von dem, was
er über die Fische in der Mosel geschrieben hat, von unserem Kegeln in Kobern-Gondorf
und von der Fahrt zum Hotel "Rittersturz" in Koblenz, hoch hinauf."

Aus: Hans-Josef Ortheil, Die Moselreise. Roman eines Kindes
© 2010 Luchterhand Literaturverlag, München, in der Verlagsgruppe Random House GmbH

INHALTSVERZEICHNIS

BILDNACHWEIS

Annette Köwerich lebt als Frau eines Winzers in Leiwen. Die Agraringenieurin ist Moselanerin aus Liebe. Im Jahr 2003 gab sie „Ein kleines Bilder- und Lesebuch von der Mosel" heraus, dem 2005 das 2. Bändchen folgte. Im Jahr 2007 erschien im luxemburgischen Verlag Guy Binsfeld das Buch „Genießen wie die Römer". Als Hilde Kessel sie im Jahr 2011 ansprach, gemeinsam der Mosel mit einer „Hommage" zu huldigen, stimmte sie begeistert zu.

Hilde Kessel ist Moselanerin, lebt in Neumagen-Dhron und suchte lange nach einem Buch, das der internationalen Mosel, ihrer Landschaft und ihrem Wein gerecht wird. Nach 50jähriger Berufstätigkeit in dem Familienbetrieb Bastian, fand sie in Annette Köwerich die richtige Partnerin, die mit Begeisterung, Frische und Sachkenntnis die sehr interessanten Fragen an die Interviewpartner stellte.
Auf ihren eigenen Reisen in andere Regionen ist sie immer wieder überrascht, wie bekannt die Mosel ist, dass aber gerade die jüngsten spannenden grenzüberschreitenden Entwicklungen, die Schönheit der Landschaft und die aktuelle Dynamik des Mosel-weinbaus teilweise unbekannt sind.

Wir danken allen Interviewpartnern für ihre uns oft überraschenden Antworten, ihre Geduld, den Fotografen für ihre Perspektiven! Wir haben Wunderbares entdecken und viel Liebe zum Fluss, seinen Menschen und Weinen erfahren dürfen.

Wir hoffen sehr, dass das Buch die Freude vermittelt, die wir bei seiner Entstehung erleben durften!

Annette Köwerich und Hilde Kessel

Mit freundlicher Unterstützung:

EUROPÄISCHE UNION Europäischer Landwirtschaftsfonds für die Entwicklung des ländlichen Raums: Hier investiert Europa in die ländlichen Gebiete. Diese Publikation wird im Rahmen des Entwicklungsprogrammes PAUL unter Beteiligung der Europäischen Union und dem Land Rheinland-Pfalz, vertreten durch das Ministerium für Umwelt, Landwirtschaft, Ernährung, Weinbau und Forsten durchgeführt.

Nikolaus Bastian Druck und Verlag GmbH   2012
Industriepark Trier, Robert-Schuman-Straße 5, 54343 Föhren
Tel. +49(0)6502/92560, Fax +49(0)6502/925656
info@bastiandruck.de, www.bastiandruck.de, www.moselbuch.de